行稳致远

建设高标准市场体系研究

胡　飞◎著

中国市场出版社
China Market Press
·北　京·

图书在版编目（CIP）数据

行稳致远：建设高标准市场体系研究 / 胡飞著. —北京：中国市场出版社有限公司，2022.10
ISBN 978-7-5092-2263-8

Ⅰ. ①行… Ⅱ. ①胡… Ⅲ. ①社会主义市场体系—研究—中国 Ⅳ. ①F123.9

中国版本图书馆CIP数据核字（2022）第181015号

行稳致远：建设高标准市场体系研究

XINGWEN ZHIYUAN: JIANSHE GAOBIAOZHUN SHICHANG TIXI YANJIU

著　　者：胡　飞
责任编辑：晋璧东（874911015@qq.com）
出版发行：中国市场出版社
社　　址：北京市西城区月坛北小街2号院3号楼（100837）
电　　话：（010）68033539/68036672/68020336
经　　销：新华书店
印　　刷：河北鑫兆源印刷有限公司
成品尺寸：170mm × 240mm　开　　本：16开
印　　张：13.25　字　　数：260千
图　　数：11　表　　数：26
版　　次：2022年10月第1版　印　　次：2022年10月第1次印刷
书　　号：ISBN 978-7-5092-2263-8
定　　价：88.00元

目录

第一篇 总　论

第二篇 高质量市场主体

第三篇 高效率要素配置

第五篇 高效能市场监管

第一篇

总　论

第一章　高标准市场体系的建设背景与重要意义

内容提要：市场（尤其是超大市场）是经济运行的重要基础，是最稀缺的战略资源，建设高标准市场体系是用足用好市场资源、支撑经济高质量发展的重要举措。近年来，我国市场体系建设取得重要进展，市场基础制度更加成熟、更趋完善，市场规模不断拓展、结构持续优化，市场主体更加活跃、更具创造力，市场环境持续优化、更有竞争力。同时，与统一开放、竞争有序、制度完备、治理完善的高标准市场体系建设要求相比，还存在不小差距。要站在全局角度系统谋划，既要锻长板，又要补短板，通过夯实市场体系基础制度、推进要素资源高效配置、改善提升市场环境和质量、实施高水平市场开放、完善现代化市场监管等重点任务，加快建设高标准市场体系。

建设高标准市场体系是加快完善社会主义市场经济体制的重要内容。党的十九届四中全会提出建设高标准市场体系，党的十九届五中全会明确要实施高标准市场体系建设行动，并将“高标准市场体系基本建成”作为“十四五”时期经济社会发展的主要目标之一。这是中央从发展改革全局出发，围绕构建高水平社会主义市场经济体制作出的重大战略部署，对新发展阶段开启全面建设社会主义现代化国家新征程的意义重大。

一、深刻认识市场这个全球最稀缺的战略资源

市场随经济社会发展而成长壮大，可有效推动供需对接、实现优化配置，是一种与其他物质资源具有同等重要性的稀缺资源。超大的市场还是一种优势，而且是一种与其他生产要素具有同等重要性的比较优势。充分利用好超大市场这个全球最稀缺的资源，是保障我国社会主义市场经济建设顺利推进的关键。

（一）市场是经济社会发展的重大成果，需要倍加珍惜

市场不是凭空产生的，而是在经济社会发展过程中逐步形成，与经济社会发展同频共振。回顾我国经济发展历程，我国并不是一直拥有超大规模市场。1978年，我国GDP不到1500亿美元，全球排名第11位，占世界经济比重只有1.74%。经过40多年改革开放，我国发展成为世界最大工业国。到2020年GDP突破100万亿元（本书凡是未作特别说明的，元即为人民币计值），增长超过270倍，占世界经济的比重达到17%，稳居世界第二大经济体地位。在这个过程中，市场资源也由量的持续积累迈向质的飞跃，具有中国特色的市场体系持续完善，超大规模市场优势和内需潜力逐步成型。生产能力跃居世界先进水平，2020年工业增加值达到31.31万亿元，连续11年位居世界第一制造业大国，是世界上仅有的具有全部工业门类的国家，在世界500多种主要工业产品当中有220

多种工业产品占据全球第一。超大规模市场定义了超大规模的需求能力，消费需求不断激活。我国社会消费品零售总额从1978年的1559亿元增长到2020年的391981亿元，增长250多倍，年均增长超过14%，成为全球第二大消费市场。从投资看，世界500强公司中已有约490家在华投资，占总体数量的98%。用好超大市场这个来之不易的稀缺资源，是我国推动经济高质量发展、构建新发展格局的重要支撑。

（二）市场是经济活力和韧性的坚实保障，需要精心培育

市场是买卖双方进行商品交换的场所，市场越大，进行交换、实现价值的机会越多，发展的韧性和活力就越强。如果说小规模的市场是“小池塘”，那么超大规模市场就是“大海”，规模更大、多样性更强，更能经受“狂风骤雨”。一方面，大市场更具有通过调整来应对外部冲击的腾挪空间和适应能力。中美贸易摩擦以来，我国出口部门面临的压力在一定程度上正是通过超大规模市场下出口转内销等新出路来吸收和分摊的。另一方面，大市场的内部差异性、多样性更易通过雁阵模式的逐级传递与扩散形成协同发展态势。我国幅员辽阔，人口众多，区域发展基础和条件各异，随着东部率先发展、西部大开发、中部崛起、东北振兴等区域发展战略的实施，我国形成了一批经济聚集能力突出、辐射带动能力较强、发展活跃的重点地区，成为推动区域快速发展的新的增长极。京津冀协同发展、长江经济带发展、粤港澳大湾区建设、长三角一体化发展、黄河流域生态保护和高质量发展等重大战略的稳步推进，进一步推动形成东西南北纵横联动发展的新格局。目前，我国拥有超过4亿人的中等收入群体、8亿多的网

民、14亿人口规模，纵深广阔的超大市场决定了经济运行更具韧性，经济发展更有活力、更有优势。但要实现从潜在优势到现实效能的转变，还需进一步深化改革，扩大开放，积极挖掘内部潜力，进一步提升经济发展的互补性、协同性，增强发展韧性，形成供需更高水平动态平衡的繁荣市场，提升国民经济体系整体效能。

（三）市场是激励创新和推动产业升级的重要支撑，需要充分激活

市场化应用对于推动创新迭代升级、实现创新价值具有加速器和放大器的作用。当今世界正经历百年未有之大变局，发展面临的国内外环境发生深刻复杂变化，我国现代化建设比以往任何时候更需要科技创新，科技创新在经济社会建设中的作用愈发突出。创新驱动发展的关键在于创新成果不能停留在实验室，而要在场景应用和市场迭代中与实体经济深度融合，加快创新成果转化应用。超大的市场空间意味着丰富的创新场景、充分的试错机会、摊薄的试错成本和放大的创新收益，是新技术、新业态、新模式不断涌现和创新迭代的理想试验场。超大的市场空间还可以容纳更多的企业相互竞争，给新创企业和中小企业提供更多的成长空间和市场机会，引领推动产业转型升级。目前我国科技成果转化率不足30%，远低于先进国家60%～70%的水平，科技成果转化不畅问题突出，创新能力还不适应高质量发展要求。要进一步深化科技体制改革，充分发挥市场引领和导向作用，紧紧围绕产业链部署创新链、围绕创新链布局产业链，促进创新要素有序自由流动，促进新技术产业化规模化应用，在市场应用中不断迭代完善，增强高质量发展的内生动力。

（四）市场是参与国际合作和竞争的最可靠资源，需要整合利用

当前国际竞争日益激烈，一些国家或地区频频将市场资源政治化、武器化，肆意挥舞制裁大棒，搅乱全球经济秩序。面对全球经济大变局，国内市场成为我国参与国际合作和竞争的最可靠的战略资源，是我国可以依靠的比较优势甚至是绝对优势。经过多年发展，我国不仅具备全球最完整且规模最大的工业供应体系，同时还拥有超大中等收入群体，规模巨大、需求多样、持续成长的国内消费市场，居民消费水平和消费能力显著改善，已具备以国内经济循环为主体的基础条件，有助于强化超大规模市场这一战略资源，在新一轮经济全球化和大国博弈中占据战略主动。数据显示，我国外贸依存度在2006年达到65%的峰值后持续下降，2019年为35%，“两头在外”的加工贸易占总体贸易比重从1999年的53%下降到2019年的25%，这些数据说明我国经济内循环已在不断加强。同时也要看到，一些地方本位主义色彩依然浓厚，形形色色、或明或暗的地方保护与市场分割依然存在，全国统一大市场尚未真正形成，吸纳全球要素资源的能力有待进一步增强。下一步，要围绕破除区域壁垒和地方保护，打破地方小循环，畅通国内大循环，加快构建全国统一大市场，培育参与国际竞争合作的新优势。

（五）市场是崛起成为经济大国的真正标志，需要加快建设

大国经济的主要特征，就是更加重视国内市场，更加重视立规建制，大国强大的内需市场有利于其在国际经济循环中更好地掌

握主动权，从而保障本国经济的持续稳定发展。大国经济崛起最为关键的标志就是构建出以内为主、安全可控、富有弹性韧性的大市场。我国从“中国制造”向“中国智造”转变，从融入世界市场向成为世界市场转变，从出口依赖向内需拉动、创新驱动的发展模式转变，正是崛起为经济大国的重要标志。我国是世界第二大经济体、制造业第一大国、商品消费第二大国，已具备超大规模的大国经济基础。中国对世界经济的依赖在降低，世界对中国经济的依赖在增加，也反映出中国市场的影响力和重要性在上升。同时，随着世界大国实力对比的显著变化，大国之间的规则竞争更加明显。要实现从经济大国到经济强国的跨越，不仅要形成统一的国内市场，整合有利资源形成融合多种优势于一体的综合优势，而且要促进形成强大的国内市场，主动参与甚至引领既有国际制度的转型，促进和推动新的国际制度的创建，推动规则等制度型开放，重视运用国际通行规则来维护国家安全和国家利益。

二、准确把握建设高标准市场体系的概念内涵和重要意义

党中央、国务院高度重视高标准市场体系建设。习近平总书记强调，要建设高标准市场体系，加强产权和知识产权保护，完善公平竞争制度，激发市场主体发展活力，使一切有利于社会生产力发展的力量源泉充分涌流。李克强总理指出，要坚持市场化改革方向，使市场在资源配置中起决定性作用，加快建立健全统一开放、竞争有序的现代市场体系。为深入贯彻落实党中央、国务院决策部署，2021年1月，中共中央办公厅、国务院办公厅印发

《建设高标准市场体系行动方案》（以下简称《行动方案》），提出要加快建设高标准市场体系，为推动经济高质量发展、加快构建新发展格局、推进国家治理体系和治理能力现代化打下坚实基础。

（一）高标准市场体系的概念内涵

从政策脉络来看，建设高标准市场体系，是党中央着眼于构建高水平社会主义市场经济体制，对市场体系建设提出的新的更高要求。改革开放以来特别是党的十八大以来，我国市场体系建设取得了巨大成就，对经济持续健康发展和社会主义市场经济体制不断完善发挥了基础、支撑和引领作用。在此基础上，党的十九届四中全会从制度层面对高标准市场体系建设提出要求，强调要加快完善社会主义市场经济体制，建设高标准市场体系，完善公平竞争制度，健全以公平为原则的产权保护制度，推进要素市场制度建设，加强资本市场基础制度建设等。中央全面深化改革委员会第十六次会议审议通过了《行动方案》，明确了高标准市场体系建设的重点任务。党的十九届五中全会通过的《中共中央关于制定国民经济和社会发展第十四个五年规划和二零三五年远景目标的建议》，对建设高标准市场体系作出战略部署，进一步明确未来5年的主要目标和工作重点。加快建设完善的市场体系和体制机制，建设高标准市场体系，成为新发展阶段促进形成强大国内市场、推动经济高质量发展的关键抓手。

从语义解析来看，理解“高标准市场体系”，关键在于理解“市场体系”和“高标准”这两个关键词。对于“市场体系”，有狭义和广义之分。狭义的市场体系侧重于商品要素交易市场构成的系统；广义的市场体系不仅限于交易场所本身的建设，还包括规则制度、市场环境、基础设施、市场秩序等保障市场交易顺利进行的一系列软硬件的总和。

对于市场体系的“高标准”，可以通过与现代市场体系建设要求的对比分析，从两方面认识和把握。一是体现在对现代市场体系的继承和发展。高标准市场体系建设延续了现代市场体系“统一开放、竞争有序”的目标要求，但不是简单继承，而是在新的市场条件下更高版本的“统一开放、竞争有序”。在市场体系建设逐步升级过程中，建设标准和要求也要随之提高，从而构成“高标准”。二是体现在对现代市场体系的补充和完善。现代市场体系强调的“统一开放、竞争有序”，更多是市场本身特征，政府作用是隐在背后的。高标准市场体系还要求制度完备、治理完善，将政府作用显化具化，更加强调制度的完备性、更加强调公平竞争、更加强调政府维护市场秩序弥补市场失灵的重要性。

从具体内容来看，高标准市场体系可以具象化为以下几方面。一是高标准的市场体系基础制度。高标准制度规则是市场体系有效运行的基础。其中，严格的产权保护是激发各类市场主体活力的原始动力，破除市场准入隐形壁垒是形成全国统一市场、发挥全国超大市场规模优势的前提条件，公平竞争是实现优化配置、推动优胜劣汰的重要机制。二是高标准的市场主体发展水平。市场主体发展更加注重降本增效防控风险提升竞争力，加大科技创新投入增强新动能，抓住新机遇拓展外部市场空间，提升市场主体活力、创造力、竞争力和抗风险能力。三是高标准的要素市场体系。与商品和服务市场相比，要素市场发育滞后，配置效率有待提高，成为高标准市场体系的短板。四是高标准的市场环境和质量。提升市场环境和质量，使产品和服务质量安全可靠，使各类市场主体的获得感更强。这也是高标准市场体系的应有之意。五是高标准的市场基础设施。强化市场基础设施建设，推动市场基础设施互联互通，既是扩大内需，建设强大国内市场的重要抓手，又是我国提升竞争力和规则影响力的重要举措。六是高标准的市场开放。高水平开放不仅体现在国内外开放领域的持续扩大，更体现在开放深度的持续拓展上；不仅包括商品市场、服务市场开放，还包括要素开放，推动制度型开放。七是高标准的现代市场监管机制。提升监管水平是建设高标准市场体系的重要前提，要提高市场监管的科学性和有效性，维护市场安全和稳定。

（二）建设高标准市场体系的重大意义

高标准市场体系是对统一开放、竞争有序的市场体系的延续和升级，是新发展阶段建设现代经济体系的新要求，对于构建高水平社会主义市场经济体制、推动高质量发展、构建新发展格局的意义重大。

建设高标准市场体系是构建新发展格局的基础支撑。构建新发展格局要以国内市场大循环为主体，通过畅通国内大循环，充分发挥大国经济纵深广阔的优势，为我国经济发展和参与国际合作竞争提供支撑。近年来，中国对世界经济的依赖不断降低，世界对中国经济的依赖持续增强，为我国在国际经济循环中掌握主动，更好地保障经济持续稳定发展创造了有利条件。但受出口导向发展的惯性及地方恶性竞争等体制机制的制约，我国市场需求的潜力尚未有效释放，大国经济的规模效应与集聚效应尚未充分形成。建设高标准市场体系，破除妨碍生产要素市场化配置和商品服务流通的体制机制障碍，疏通政策堵点，打通流通大动脉，推进市场提质增效，实现内部大循环，支撑并带动外循环，为推动形成新发展格局提供有力的制度支撑。

建设高标准市场体系是推动经济高质量发展的重要动力。党的十九届五中全会提出，“十四五”时期经济社会发展要以推动高质量发展为主题，这是根据我国发展阶段、发展环境、发展条件变化而作出的科学判断。进入高质量发展阶段，我国需求条件、要素条件和潜在增长率发生重要变化，要推动实现质量变革、效率变革、动力变革，市场体系的基础制度、运行效率、开放程度、监管体制等必须与之相匹配。建设高标准市场体系，通过一系列重大改革举措，打造高标准的市场基础制度、高效率的要素市场配置机制、高质量的市场发展环境、高水平的市场开放制度、高效能的市场监管机制，将优化要素配置方式，形成更高效率更高质量的投入产出关系，推动形成需求牵引供给、供给创造需求的更高水平动态平衡，不断增强高质量发展的内生动力。

建设高标准市场体系是构建高水平社会主义市场经济体制的内在要求。从市场体系到现代市场体系，再到高标准市场体系目标的提出，这既是在推动经济发展中对市场认识不断深化的过程，也是改革目标与经济发展要求不断迈向新阶段的相互适配过程。经过多年探索和努力，特别是党的十八大以来，我国社会主义市场经济体制改革和市场体系建设取得显著成就。目前，我国经济发展已经到了从中等收入国家向高收入国家过渡的关键历史节点，对制度的需求上升、要求提高，制度完善程度和质量高低变得更加重要。这就要求着眼于解决深层次的体制机制问题，以更大力度、更广范围推进经济体制改革，加快补齐市场基础制度短板，创新和增强制度供给，进一步理顺政府与市场的关系，进一步激发各类市场主体的活力，在关键性、基础性重大改革上取得新突破。以更高的标准要求来建设市场体系，是构建更加成熟、更加定型的高水平社会主义市场经济体制的内在要求。

三、我国市场体系建设取得显著进展

改革开放特别是党的十八大以来，我国市场体系建设取得重要进展，市场在资源配置中的决定性作用日益增强，社会主义市场经济体制更加完善，为推动我国高水平社会主义市场经济体制建设和经济社会健康发展提供了强有力的支撑。

（一）市场基础制度更加成熟、更趋完善

一是产权保护制度体系加快完善。企业家权益保护方面，注重从刑事立法上加强对民营经济的平等保护，不断强化典型案例的价值引领和行为规范作用。知识产权保护方面，积极抓好《关于强化知识产权保护的意见》落实工作，压实属地责任。农村集体产权制度改革取得阶段性进展，在摸清家底的同时，有序开展经营性资产股份合作制改革。

二是市场准入制度持续健全。市场准入负面清单持续完善，年度修订工作顺利开展，并与“放管服”改革保持紧密衔接，充分体现“放管服”改革的最新进展和成效；“证照分离”改革进一步深化，创新和加强事中事后监管，推进电子证照归集运用。

三是公平竞争审查制度更加健全。增量政策审查方面，修订

《公平竞争审查制度实施细则》，在审查方式、审查标准、监督手段等方面细化实化有关规定，进一步强化竞争政策实施；存量政策清理方面，对妨碍平等市场准入和退出、限制商品要素自由流动、违法违规实行区别性和歧视性优惠政策、不当干预市场主体生产经营行为等规定做法进行全面清理，废止、修订文件近6000件。

四是反垄断反不正当竞争监管持续强化。反垄断方面，稳步推进《反垄断法》修订，发布平台经济等领域反垄断指南，对新经济业态法律适用问题作出针对性规定，同时强化反垄断执法，推进以案普法、释法；反不正当竞争方面，出台网络直播、在线旅游等新规引导企业合规经营，建立反不正当竞争部际联席会议制度，强化组织领导和统筹协调，严厉打击“刷单炒信”等不正当竞争行为，营造公平竞争的市场环境。

（二）市场规模不断拓展，结构持续优化

市场规模是市场发育程度的重要体现。我国拥有超过4亿人口的中等收入群体、8亿多网民、14亿的人口规模，纵深广阔的超大市场决定了超大规模的供给和需求能力。近年来，我国市场规模不断迈上新台阶。生产能力跃居世界先进水平，2020年工业增加值达到31.31万亿元，连续11年位居世界第一制造业大国。消费需求不断激活，2020年我国社会消费品零售总额39.2万亿元，稳居全球第二大消费国，并有望在“十四五”时期成为全球最大的商品零售市场。市场规模迅速扩大的同时，市场结构也在持续优化，消费对经济增长的贡献率自2015年以来稳定在50%以上，国内市场主导国民经济循环的特征更加明显，中国特色的市场体系持续完善，超大规模市场优势和内需潜力逐步成型。

（三）市场主体更加活跃，更具创造力

市场主体是市场体系的微观基础，是社会生产力的力量载体。近年来，我国市场主体不断发展，数量创新高。2020年我国新增注册市场主体2735.4万家，同比增长12.8%。截至2021年2月，我国市场主体1.44亿家，其中企业4457.2万家、个体工商户9604.6万家。以中小微企业为主的民营经济，成为市场主体的“主力军”。“十三五”期间，新办民营涉税市场主体5600万户，占比超九成，且占比逐年递增。同时，市场主体保持高度活跃。面对疫情冲击等不利因素，我国上亿市场主体的强大韧性和活力，为稳住就业和经济基本盘发挥了基础支撑作用。在新增市场主体中，新产业、新业态、新商业模式蓬勃发展，新动能保持高速增长。2020年全国实物商品网上零售额同比增长14.8%，传统零售业加速转型升级，线上线下融合发展加快，为经济增长提供强劲新动能。

（四）市场环境持续优化，更有竞争力

营造公平竞争的市场环境，是实现市场对社会资源优化配置的前提和条件，是我国经济体制改革面临的一项紧迫任务。近年来，我国坚持把该放的权放到位，该营造的环境营造好，该制定的规则制定好，着力优化营商环境，推进“放管服”、减税降费、商事制度等改革，强化反垄断和反不正当竞争执法，切实维护公平竞争市场环境，有效激发各类市场主体活力。以纳税便利化改革为例，“十三五”期间，税务系统先后推出120条便利措施，审

批事项由87项减少到6项，取消61个税务证明事项，税收营商环境不断改善。目前，实现了90%的涉税事项、99%的纳税申报业务都可网上办、线上办、掌上办。随着“放管服”改革深入推进，我国政府定价比重不足3%，在世界银行发布的2020年度营商环境报告中，我国营商环境全球排名已提升至第31位，连续两年跻身全球营商环境改善幅度最大的十大经济体，营商环境的国际吸引力竞争力持续增强。

整体来看，我国已建立起较为完整的市场体系，市场体系基础制度更趋完善，有效市场和有为政府更好结合，推动实现市场规模拓展、结构升级、环境优化、活力激发，为加快推进高标准市场体系建设，支持高质量发展提供了扎实的基础条件。

四、与高标准建设要求相比还存在差距

与高标准市场体系统一开放、竞争有序、制度完备、治理完善的建设要求相比，我国市场体系建设仍存在明显差距。突出表现在，市场准入、竞争、退出等关键环节的基础性制度保障还存在短板，市场主体质量有待提升，要素市场化配置的体制机制还需进一步完善，市场监管与开放还不能完全适应新阶段新需要。

（一）市场主体质量不够高

高质量市场主体要求市场主体自身在资产规模、盈利能力、创新力等硬实力和公司治理、管理决策、企业文化等软实力方面都处于较高水平。从世界500强企业2020年榜单来看，虽然中国大陆（含香港）上榜公司数量达到124家，首次超过美国（121

家），但仍存在深层次的质量差距。

一是盈利能力不强。上榜的中国大陆企业124家的平均利润不到36亿美元，约为美国企业（70亿美元）的一半，也低于全球500家大公司平均利润（41亿美元）。

二是品牌价值不优。中国目前有220多种工业品产量居世界第一，但进入全球品牌100强的自主品牌只有华为1个，和不少发达国家差距明显。

三是产业链位势不高。世界500强企业中，中国上榜企业为传统产业的占比较高，而发达国家的高端制造业和现代服务业优势明显。与国际先进水平相比，中国大企业在全球供应链主导权、关键核心技术、行业话语权、自主知识产权等方面还有较大差距，在做大规模、做优产业、做多利润、做强能力等方面亟待进一步突破。

（二）要素市场配置效率不够高

土地要素方面，目前土地在农业、工商业、住宅间的配置主要通过地方政府而非由市场完成，其市场化程度相对滞后。国有土地和集体土地同地不同权、属性转换困难等缘故，导致一方面国有土地开发空间十分有限，另一方面农村集体所有土地大量空闲，未能实现资源的有效配置。

劳动力要素方面，目前以户籍制度为主要手段的人口管理模式、主要面向户籍人口的地方基本公共服务供给方式，以及统筹层次较低、异地衔接不畅的社会保障体系，与劳动力自主有序流动的趋势与要求不相适应，成为阻碍各层次劳动力自由流动、有效配置的主要障碍。

资本要素方面，资本流动受地方行政干预影响，“僵尸企业”和地方政府隐性债务等问题扭曲了地方金融资源配置，导致部分企业或行业领域配置低效、产能过剩，而中小企业融资困难，存在大量未被满足的市场需求。上市和退市制度的不完善也影响了资本由低效企业向高效企业集中的能力。

技术要素方面，技术市场培育缓慢，未能充分发挥联结技术供需双方的桥梁作用，市场需求未充分指导和推动创新发展方向，市场导向的科技创新体系难以真正形成。

数据要素方面，数据作为一种在互联网时代涌现的新型生产要素，在产权界定、配置模式、定价方法等方面都存在诸多有待探索的议题。

（三）市场循环畅通程度不够高

市场循环畅通是高标准市场体系的内在要求，高效流通体系能够在更大范围把生产和消费联系起来，扩大交易范围，推动分工深化，提高生产效率，促进财富创造。当前市场在循环畅通上主要面临“软”“硬”两个方面的障碍。“软”的方面主要是，地方政府不当市场干预等不利于市场循环畅通的制度障碍仍然一定范围和程度地存在。例如，在地方工程招投标中实施歧视性政策，要求外地企业中标后在本地成立分公司或子公司，或设置非必要过高门槛限制公平竞争，或在法定行政审批事项指定中介机构或强制企业接受中介服务现象等。“硬”的方面主要是，现代流通体系等基础设施建设和互联互通方面仍然滞后。例如，一些地方物流园区功能较为单一，多种运输方式无缝衔接的物流园区较少，集疏运成本仍然较高；山区、县乡村物流服务有效供给不足，物流网络有待健全；物流标准化信息化水平不高，信息互联互通程度有待提升。

（四）市场监管效能不够高

高标准的市场监管是建设高标准市场体系的重要前提，是市场机制高效运转、市场秩序井然有序的直接保障。当前市场监管存在的突出问题表现在三个方面。一是对平台大举并购、资本无序扩张、大数据杀熟等新业态新模式的监管体制建设相对滞后，对侵犯用户隐私、侵害消费者合法权益等处置机制有待完善。二是基层重复检查、多部门交叉执法等问题仍然存在，对市场主体正常生产经营活动造成不必要干扰。三是“互联网+”监管、信用监管等新型监管执法方式有待加快推进，违法线索互联、监管标准互通、处理结果互认等机制有待建立健全。

五、建设高标准市场体系的重点任务

2021年1月印发实施的《行动方案》，提出“通过5年左右的努力，基本建成统一开放、竞争有序、制度完备、治理完善的高标准市场体系”，并对建设高标准市场体系的重点任务作出了部署。

（一）夯实高标准的市场基础制度

建设高标准市场体系，要在产权保护、市场准入、公平竞争等基础制度建设方面有质的提升，筑牢社会主义市场经济有效运行的体制基础，确保市场机制高效发挥作用。

产权保护制度方面，要有序清理对不同所有制经济产权区别对待的法律法规，建立健全平等保护产权的法律法规体系，扫除知识产权、农村集体产权制度等领域的产权保护所存在的体制性障碍，有效激发各类市场主体活力。

市场准入制度方面，要实施全国统一的市场准入负面清单制度，加大力度破除各种市场准入隐形壁垒，加快建设全国统一大市场，为充分发挥大国经济规模优势创造有利条件。

公平竞争制度方面，要增强公平竞争审查制度刚性约束，强化反垄断和反不正当竞争监管，为各类市场主体公平参与市场竞争营造良好的发展环境。

（二）推进高效率的要素资源配置

要素市场是市场体系的重要组成部分，深化要素市场化配置体制机制改革是建设高标准市场体系的重难点。要着力打破妨碍生产要素自由流动的各种壁垒，提高要素质量和配置效率。

土地要素方面，要围绕项目落地难、土地指标管理严、审批难等突出问题，通过完善土地利用计划管理，推动不同产业用地类型依法依规合理转换等，增强土地管理的灵活性和适应性。

劳动力要素方面，通过畅通落户渠道，畅通人才流动，畅通职称评审等，充分发挥市场在引导劳动力要素合理畅通有序流动中的决定性作用。

资本要素方面，要深化金融供给侧结构性改革，以金融体系结构调整优化为重点，优化融资结构和金融机构体系、市场体系、产品体系，为实体经济发展提供更高质量、更有效率的金融服务。

技术要素方面，健全职务科技成果产权制度，完善科技成果评价机制，完善国家技术转移体系，提升技术要素市场化配置能力。

数据要素方面，加快培育数据要素市场，建立数据资源产权、交易流通、跨境传输和安全等基础制度和标准规范，推动数据资源开发利用，充分发挥数据要素对推动经济增长的倍增效应。

（三）打造高标准市场环境质量

提升市场环境和质量是建设高标准市场体系的重要任务，也是高标准市场体系建设的重要判断标准。建设高标准市场体系，必须全面提升产品和服务质量，通过建设高标准的市场环境和质量，使消费者可以放心消费，使各类市场主体的获得感更强。

一是注重源头治理，深入实施质量提升行动，多措并举提升商品和服务质量。

二是加强消费维权制度建设，畅通维权渠道，强化消费者权益保护。

三是建设高标准的市场基础设施，推动市场基础设施互联互通，为促进商品要素流通、达成市场交易提供必要物质条件。

（四）实施高水平市场开放

推进高水平市场开放是建设高标准市场体系的内在要求。高标准的市场开放不仅体现在国内外开放领域的持续扩大，更体现在开放深度的持续拓展上。面对错综复杂的国内外经济形势，要建设更高水平的开放型经济新体制，实行更加积极主动的开放战略，实施更大范围、更宽领域、更深层次的全面开放，以开放促改革促发展。

一是有序扩大市场尤其是服务业市场的开放，营造内外资企业一视同仁、公平竞争的公正市场环境。

二是推动规则等制度型开放，促进内外贸法律法规、监管体制、质量标准等相衔接。

（五）完善高效能市场监管

高标准的市场监管是建设高标准市场体系的重要前提，是市场机制高效运转、市场秩序井然有序的直接保障。随着市场体系不断完善，市场功能更加健全，要切实转变政府职能，将该放的权放足放到位，该管的事管好管到位，提高市场监管的科学性和有效性。要完善“互联网+监管”，推进推动市场监管转型升级。健全依法诚信的自律机制和监管机制，推动企业落实主体责任。健全社会监督机制，提升市场监管社会化水平。加强对监管机构的监督，促进监管权力规范透明运行。积极防范市场异常波动和外部冲击风险，有力维护市场安全和稳定。

参考文献

刘世锦. 加快建设高标准市场体系的重要战略部署[J]. 财经界, 2021(6).
马建堂. 建设高标准市场体系与构建新发展格局[J].管理世界, 2021(5).
王青. 高标准市场体系怎么建[J].经济, 2021(3).
王晓东. 高标准市场体系建设的体制与运行基础[J].中国社会科学报, 2021-03-30.

第二章　高标准市场体系建设进展量化评价研究

内容提要：建设高标准市场体系是着眼于构建高水平社会主义市场经济体制对市场体系建设提出的新的更高要求，及时开展高标准市场体系建设进展评价有助于通过以评促建，推动改革举措更好落实。本章首先明确开展高标准市场体系建设进展评价的必要性紧迫性和主要目标任务，在此基础上构建评价框架、明确评价方法、构建指标体系，并对全国31个省、自治区、直辖市开展量化评价。研究发现，我国市场体系建设还有较大上升空间，地方在建设高标准市场体系方面还面临着起点高低不平、进度良莠不齐等问题。建议进一步围绕打造高标准制度环境、完善高效率要素配置、强化高水平市场统一、实现高效能监管治理等方面的重点任务，抓好重要改革举措落地，加快推进高标准市场体系建设。

自2021年1月《建设高标准市场体系行动方案》（中办发〔2021〕2号）（以下简称《行动方案》）印发实施以来，各地区、各部门深入贯彻落实党中央、国务院决策部署，持续抓好高标准市场体系建设各项举措的落实，相关工作取得重要进展，为推动高水平社会主义市场经济体制建设和经济社会健康发展提供了强有力的支撑。开展高标准市场体系建设进展评价，系统分析市场体系建设进展成效和存在问题，有助于以评促建、以评促改，推动高标准市场体系建设改革举措得到更好落实。

一、开展量化评价的必要性紧迫性

近年来，我国市场体系建设取得显著进展，建立起较为完整的市场体系，为经济社会持续健康发展提供了强有力支撑。但与高标准市场体系建设要求相比，我国市场体系建设仍存在明显差距。

（一）与高标准建设的要求相比目前存在明显差距

与高标准市场体系建设要求相比，我国市场体系建设仍存在明显差距。突出表现在：

一是市场准入、竞争、退出等关键环节的基础性制度保障还存在短板，比如部分行业、部分地区存在准入不准营、部分领域准入后经营地位不平等、准入后经营地位不平等问题，部分地区市场准入效能还有待进一步提升。

二是要素市场化配置的体制机制还需进一步完善，比如要素市场化程度相对滞后、自由流动范围有限、配置效率不高等问题。

三是市场开放与监管还不能完全适应新阶段新需要，比如全球要素资源配置能力不足，数据确权、隐私保护、侵害消费者权益的处置机制不完善等。

（二）地方加快建设高标准市场体系面临的主要挑战

各地方各有关部门在加快建设高标准市场体系、推动文件落地见效方面，还面临一系列问题挑战，亟待关注。

一是地区发展存在明显差异，落地实施进展良莠不齐。

二是对于高标准理解不到位，有一些地方和部门还存在运用多种形式的行政手段对本地市场进行保护和封锁，以地方供应链自主可控为名盲目追求全产业链扩张、实施地方保护主义政策，政策“一刀切”、运动式突击式执法等问题，贯彻落实中出现变形走样。

三是政策落地存在制度脱节，有的可能与地方短期利益存在冲突，微观主体的积极性难以被有效调动。

四是内外部环境复杂变化，动态更新机制有待建立。

（三）开展高标准市场体系评价的必要性和紧迫性

开展高标准市场体系评价是围绕目标任务，掌握建设进度的关键手段。党的十九届五中全会将“高标准市场体系基本建成”确定为“十四五”时期经济社会发展的主要目标之一，为确保如期、保质保量完成建设任务，有必要围绕建设目标，倒排工期，确定时间表和路线图，稳步有序推进高标准市场体系建设。

开展高标准市场体系评价也是聚焦突出问题，推进精准施策的重要支撑。开展高标准市场体系建设评价，有助于找准短板差距和薄弱环节，以评促建、以评促改，推动改革举措更好落实。

开展高标准市场体系评价更是进一步凝聚社会共识，形成各方面工作合力的重要保障。

通过开展高标准市场体系建设进展评价工作，以评价指标体系勾勒高标准市场体系的主要表现，根据评价结果提炼典型经验做法，为合力推进高标准市场体系建设绘制计划表和路线图。

二、评价的目标任务

为确保如期、保质保量完成市场体系建设任务，有必要探索采用评价的办法，围绕建设目标，倒排工期，明确推进相关体制机制改革的方向和重点，稳步有序地推进高标准市场体系建设。

（一）高标准市场体系建设进展评价聚焦三方面目标

一是贯彻落实党中央决策部署，掌握建设进度。从市场体系到现代市场体系，再到高标准市场体系目标的提出，这既是我们党在经济发展中对市场认识不断深化的过程，也是改革目标与经济发展不断迈向新阶段的相互适配过程。为确保如期、保质保量完成建设任务，有必要围绕建设目标，倒排工期，明确推进相关体制机制改革的方向和重点，探索用评估评价的办法，发挥评价体系的“指挥棒”和导向作用，稳步有序推进高标准市场体系建设。

二是聚焦突出问题，推进精准施策。经过多年探索和努力，特别是党的十八大以来，我国社会主义市场经济体制改革和现代市场体系建设取得显著成就，制度建设取得明显进展，但与高标准市场体系的要求相比，与加快构建新发展格局的要求相比，我国市场体系建设仍存在不小差距，面临艰巨任务。开展高标准市场体系建设评价，有助于找准短板差距和薄弱环节，不断跟踪改革进展和发现推进堵点，进一步明确工作方向，以评促建、以评促改，推动改革举措更好落实。推进量化评价工作，提高评价的科学性、有效性、针对性，某种程度上也是推进治理体系和治理能力现代化的重要内容。

三是推动凝聚社会共识，形成工作合力。建设高标准市场体系是事关高水平社会主义市场经济体制的重大改革工作，建设过程中会触及方方面面的利益调整、职责变化，既需要循序渐进、不断探索创新，更需要各方面力量共同协调推进。为方便建设行动落细落实，需要具体指标定性描述和定量刻画，强化对高标准的理解，为实践提供更多具象化的改革抓手。通过开展高标准市场体系建设进展评价工作，以评价指标体系勾勒高标准市场体系的主要表现，对落实情况及时进行跟踪评估和督促指导，根据评价结果提炼树立典型经验做法，为合力推进高标准市场体系建设绘制计划表和路线图。

（二）高标准市场体系建设进展评价聚焦三大任务

构建高标准市场体系建设的评价体系，要坚持目标导向和问题导向，强化评价制度体系建设，包括规则、组织、程序、方法和监督等制度体系的构成要件。

一是构建科学合理指标体系，打造以评促建的指挥棒。系统梳理高标准市场体系建设任务，围绕文件明确的市场化基础制度、要素高效配置、市场环境质量、市场对外开放、现代化市场监管等重点任务，构建准确衡量高标准市场体系建设进展的评价框架体系，明确指标体系、权重设定、指标集成等具体规则。指标选取要坚持以量化评价为主，以评价指标体系勾勒出高标准市场体系的主要表现，为实践提供更多具象化的改革抓手；坚持科学规范、导向明确，确保指标含义清晰、导向明确，能够依靠问卷调查、行政记录、公开统计数据等方式来获得真实准确数据，力求全面、系统、综合反映市场体系建设在各地深入贯彻落实的进展情况；坚持静态评价与动态评价相结合，评价指标要兼顾短期与长期，既有当前建设情况评价，反映发达地区先进水平，也要有建设进展排名提升情况等动态维度的评价，反映后发地区追赶情况，提供有效激励，充分调动地方积极性。

二是聚焦短板差距和薄弱环节，实施重点领域专项治理。基于构建的指标体系开展高标准市场体系建设评价，对建设进展情况及时进行跟踪评估和督促指导，分析提出整体上、重点任务上、分地区等维度上存在的短板差距和薄弱环节，通过以评促改，为加快建成高标准市场体系提供支撑。展望未来一段时期，要坚持深化供给侧结构性改革的战略方向，扣紧扩大内需的战略基点，着力破除区域分割、准入隐性壁垒、内外规则不统一、不同所有制主体难相容、要素配置不公平等梗阻与瓶颈，畅通市场循环，疏通堵点，全面促进内外市场规则融通，强化提升市场监管能力，加快形成高效规范、公平竞争的国内统一市场，健全完善高标准市场体系，畅通国内市场循环，进而为畅通国民经济大循环提供有力支撑与重要保障。

三是评选高标准市场体系建设示范，发挥示范引领导向作用。为更好地促使各方深入把握高标准市场体系的内涵和工作重点，依托高标准市场体系评价结果来评选典型地区开展高标准市场体系示范建设，明确评价结果排名前列的地区为典型示范区。及时总结、公开发布和复制推广典型示范地区的经验做法，大力宣传报道，充分发挥典型示范引领作用。鼓励有条件的地区不断探索和提升市场体系建设新的更高标准，推动形成地方引领、全国跟进、动态更新、稳步提升的发展态势。

三、评价框架和方法

建设高标准市场体系是一项涉及面广、综合性强的系统工程，这就要求评估工作必须聚焦和突出重点。《行动方案》明确建设高标准市场体系要聚焦基础制度建设、要素资源配置、市场环境质量、市场开放水平以及政府治理效能等重点领域，这为开展系统评估提供了工作基点。

（一）总体框架

高标准市场体系建设具有动态性和区域性，指标体系与评价标准不是一成不变的，需要结合具体评价时间、区域特征进行明确。开展评价的整体框架主要包括：①构建指标体系。基于对高标准市场体系概念及内涵的深入解读，对重点任务进行层层分解，筛选典型相关指标，构建指标体系。②制定评价标准。结合市场体系基本特征，制定与评价内容相匹配的分级量化标准。③确定评价方法。选用有效的量化方法，结合评价指标体系来确定计算方法和步骤。④实例应用研究。基于建立的评价体系，开展实例应用，以验证评价体系的可靠性，并结合评价结果，来识别高标准市场体系建设的主要制约因素。

（二）评估对象、时间区间与数据来源

评估对象。评估对象选择全国31个省、自治区、直辖市（不含港澳台，下同），通过对各地市场体系建设进展进行评估诊断，为加快推进高标准市场体系建设提供参考。

时间区间。考虑到2020年以来各地遭受疫情冲击力度不一致而导致数据不稳定，为验证技术方法的科学性和适用性，这里选取2019年的数据进行实验性评估。个别省份有个别指标数据缺失的，则选择2018年的数据代替。

数据来源。采用的评估数据来自国家统计局发布的《中国统计年鉴2020》、中国人民银行发布的《2019年地区社会融资规模增量统计表》等公开数据。选取权威统计调查机构发布的公开性数据，既是为了增强数据源的正规性和权威性，也是为了保证评估结果的客观性、公正性和可复现性。

（三）指标体系

基于对高标准市场体系重点任务的进一步梳理，通过层层分解细化关键指标，确定高标准市场体系的指标体系。由于选取各地市场体系作为评估对象，而重点任务之一的基础制度建设大多由中央层面主导，地方政府落实情况缺少公开量化的数据来源，因此暂不对市场体系基础制度维度展开评价。所以评价指标体系由4个一级指数组成，包括：①要素资源配置；②市场环境质量；③市场开放水平；④政府治理效能。每个一级指数下又包括若干二级指数，有的二级指数下面还有三级指数，即最底层最基本的指数。

指标体系的选取主要考虑两个基本原则。第一，考虑到每个指数大多只能从某一特定角度反映市场体系建设进展情况，有必要对每个一级指数都采用两个或两个以上的二级指数从不同角度进行度量。所选择的每个指数至少能在一定程度上、一定时期内反映市场体系某一方面的特征。如果该指数同时还受到其他无关因素影响，则尽可能使用一定的技术手段将这些因素剔除。第二，所有三级指数所依据的指标必须是可度量的，而且数据必须是可得的。评价指标体系的构造及有关说明如下。

1. 要素资源配置

经过长期实践探索，我国生产要素市场建设已取得一定进展，但总体来看，土地、劳动力、资本、技术等生产要素市场发展仍相对滞后，市场决定要素配置的范围有限，要素流动存在体制机制障碍，数据等新型要素市场规则建设滞后。这些客观不足，影响了市场对资源配置决定性作用的发挥，不适应高质量发展要求。结合指标数据的公开可获得性，要素资源配置方面使用4个二级指数、8个三级指数来衡量。

（1）资本要素。包括2个三级指数。一是金融服务效率，当地方GDP正增长时，使用地方GDP增量与地区社会融资规模增量之比，来反映金融支撑经济发展的效率；地方GDP负增长，则指数取值为0。二是直接贷款占比，即选择地区社会融资规模增量中债券股票融资与人民币贷款之比，来反映直接融资情况。

（2）土地要素。包括2个三级指数。一是土地利用效率，选择主要农产品（谷物）单位面积产量以反映农地使用效率。二是土地管理水平，根据是否在国务院大督查中因土地管理水平综合评估受到奖励，获奖励得满分，否则得分减半。

（3）劳动力要素。包括2个三级指数。一是劳动力流动情况，使用城镇非私营单位就业人员平均工资与城镇私营单位就业人员平均工资之比，通过工资的相对差异来衡量体制等因素影响劳动力自由流动的程度。二是劳动力配置效率，选择城镇登记失业率，以反映劳动力错配程度。

（4）技术要素。包括2个三级指数。一是创新效率，选择单位研发经费所对应的专利申请数，使用规模以上工业企业研究与实验发展（R&D）经费投入与专利申请数之比，以反映其创新能力和效率。二是成果转化情况，选择技术市场成交额与地方研发投入之比，来反映创新资源的投入产出情况。

2. 市场环境质量

高标准市场体系最直观的结果就是市场环境和质量的大幅提升。改善市场环境和质量，是高标准市场体系的重要任务。开展评价主要考虑4个方面：一是市场规模，高标准市场体系要具有较大影响力的交易平台。二是消费支出，要增强消费者信心，使消费者能消费、敢消费、愿消费，充分释放消费潜力。三是产品质量，要全面提升产品和服务质量，使产品和服务质量安全可靠。四是流通渠道，要强化市场基础设施建设，推动市场基础设施互联互通，形成高效联通的物流、资金流、信息流通道。结合指标数据的公开可获得性，市场环境质量方面使用4个二级指数、8个三级指数，具体如下。

（1）市场规模。包括2个三级指数，即市场容量和市场交易效率。其中，市场容量选择亿元以上商品交易市场的平均成交额，市场交易效率采用单位营业面积的商品交易市场成交额来衡量。

（2）消费支出。包括2个三级指数，即人均消费支出和人均网上零售额，分别反映消费整体情况和网上零售这一新型消费模式的发展情况。

（3）产品质量。包括2个三级指数，即产品质量合格率和消费者满意度中对质量水平的打分，分别从质量控制和市场反馈角度来衡量。

（4）流通渠道。包括2个三级指数，即考虑物流和信息流两个渠道，前者用每万人邮政网点数来衡量，后者用户均移动互联网接入流量（DOU，即移动互联网接入流量与移动互联网用户数之比）来衡量。

3. 市场开放水平

以开放促改革、促发展，是我国现代化建设不断取得新成就的重要法宝。要坚持实施更大范围、更宽领域、更深层次对外开放，更好吸引全球资源要素，打造参与国际经济合作和竞争的新优势。市场开放不只是对外开放，还包括对内开放，即区域之间、部门之间的相互开放；也不只是贸易开放，还包括技术等要素资源的开放，形成跨部门、行业、区域的商品与要素资源自由流动的市场体系。结合指标数据的公开可获得性，市场开放方面使用2个二级指数、4个三级指数来衡量，具体如下。

（1）贸易开放。包括2个三级指数，即对内贸易和对外贸易。一是地区间贸易，采用国家铁路地区间货物交流总额与地区生产总值之比来衡量。二是对外贸易，采用货物进出口总额与地区生产总值之比来衡量。

（2）技术开放。包括2个三级指数。一是合作研发情况，采用国外资金占地方R&D经费内部支出之比来度量。二是国际交流情况，使用地方高校主办国际学术会议次数与地方高校数之比来衡量。

4. 政府治理效能

高质量发展离不开高效能治理。当前政府治理中面临的突出问题主要是，政府与市场之间边界不清、行政干预过多过繁、有效监管缺位、政策透明度和协调性不足等，迫切要求创新政府治理方式，减少政府对资源配置的直接干预，强化对维护公平竞争与市场秩序，事中、事后监管等方面的职能。在积极财政政策实施过程中，一些地方政府面临财政收入减少、财政支出增加的困局，需谨防地方政府债务过度攀升，以保持地方政府债务的可持续性和积极财政政策的可持续性（储德银和费冒盛，2021）。结合指标数据的公开可获得性，政府治理效能方面使用2个二级指数、4个三级指数来衡量，具体如下。

（1）规范管理。包括2个三级指数。一是支出规模，采用地方一般公共预算支出占地方生产总值比重来衡量。二是非税收入占比，采用非税收入占地方一般公共预算收入的比重来衡量。

（2）风险防控。包括2个三级指数。一是付息压力，采用债务付息支出占一般公共预算支出的比重来衡量地方政府债务风险。二是财政自给率，采用地方一般公共预算收支之比来衡量风险。

表2-1列出了评价指标体系构成情况。包括4个一级指数、12个二级指数和24个三级指数。

（四）计算方法

高标准市场体系建设进展评价是一个多指标、多准则、多层次的综合评价，需要明确各级指数的计算方法、计算公式，以及多指标综合时的权重选取。

表2-1 “高标准市场体系”评价指标一览

序号	一级指标	二级指标	三级指标	单位	计算方法	数据来源
1	1.要素资源配置	1a.资本要素	金融服务效率	%	地方GDP增量与地区社会融资规模增量之比	《2019年地区社会融资规模增量统计表》
2			直接贷款占比	%	企业债券股票等直接融资与人民币贷款之比	《2019年地区社会融资规模增量统计表》
3		1b.土地要素	土地利用效率	公斤/公顷	主要农产品（谷物）单位面积产量	《中国统计年鉴2020》
4			土地管理水平	—	是否因土地管理水平综合评估而受到奖励	《国务院大督查土地计划指标奖励省份名单公示》
5		1c.劳动力要素	劳动生产效率	万元/人	地方全员劳动生产率	《中国统计年鉴2020》
6			劳动力配置效率	%	城镇登记失业率	《中国统计年鉴2020》
7		1d.技术要素	创新效率	项/千万元	单位研发经费对应的专利申请数	《中国统计年鉴2020》
8			成果转化		技术市场成交额与研发投入之比	《全国技术市场统计年度报告》
9	2.市场环境质量	2a.市场规模	市场容量	亿元	亿元以上商品交易市场平均成交额	《中国统计年鉴2020》
10			交易效率	亿元/万平方米	单位营业面积商品交易市场成交额	《中国统计年鉴2020》
11		2b.消费支出	消费能力	元	居民人均消费支出	《中国统计年鉴2020》
12			新型消费	元	人均网上零售额	《中国统计年鉴2020》
13		2c.产品质量	产品质量	%	产品质量合格率	《中国统计年鉴2020》
14			消费者满意度	%	质量水平打分	《2020年100个城市消费者满意度测评报告》
15		2d.流通情况	物流	个	每万人邮政网点数	《中国统计年鉴2020》
16			信息流	GB/户	户均移动互联网接入流量（DOU）	《中国统计年鉴2020》

（续表）

序号	一级指标	二级指标	三级指标	单位	计算方法	数据来源
17	3.市场开放水平	3a.贸易开放	地区间贸易	万吨/万元	国家铁路地区间货物交流与地方生产总值之比	《中国统计年鉴2020》
18			对外贸易	%	货物进出口总额与地方生产总值之比	《中国统计年鉴2020》
19		3b.技术开放	合作研发	%	国外资金占地方R&D经费内部支出之比	《中国科技统计年鉴2020》
20			国际交流	%	地方高校主办国际学术会议次数与地方高校数之比	《2020年高等学校科技统计资料汇编》
21	4.政府治理效能	4a.规范管理	支出规模	%	地方一般公共预算支出占地方GDP的比重	《中国科技统计年鉴2020》
22			非税收入占比	%	非税收入占地方一般公共预算收入的比重	
23		4b.风险管理	财政自给率	%	地方一般公共预算收支之比	《中国科技统计年鉴2020》
24			付息压力	%	债务付息支出占一般公共预算支出的比重	《中国科技统计年鉴2020》

资料来源：根据文献和公开资料整理。

1. 三级指数量化

由于不同统计指标之间缺乏可比性，不能用统一的尺度进行独立的比较，需要先将其转换为一套可比的指数。参照王小鲁等（2019）构造市场化指数的办法，根据指数高低与市场体系标准高低的理论关系，计算公式可分为两大类。当指标数值与市场体系建设水平正相关时，指数量化方法如下。

$$第i个指数 = \frac{V_i - V_{min}}{V_{max} - V_{min}} \times 10$$

其中，是某个地区第i个指标的原始数据，V_{max}是与所有31个省份第i个指标相对应的原始数据中数值最大的一个，V_{min}则是最小的一个。

当指标数值与市场体系建设水平负相关时，例如“城镇登记失业率”，指数量化方法如下。

$$第i个指数 = \frac{V_{max} - V_i}{V_{max} - V_{min}} \times 10$$

经上述量化处理后，各项指数均与市场体系建设水平正相关，且三级指数的得分都在0~10分的区间内。指数取值大小反映了各地在所在指数维度上、在全国层面上表现出的相对进度。

2. 多指数综合

多指标综合的关键在于如何为各单项指数选取权重。考虑到各单项指标表征的经济内涵有所侧重且均为市场体系建设的重要方面，这里采用算数平均法进行多指标综合和多维度集成。由于选择等权重的方式计算，这就意味着要素资源配置、市场环境质量、市场开放水平、政府治理效能等一级指数的权重均为25%。市场体系总指数最大值取100，则一级指数最大可能值为25。

四、评价结果分析

（一）整体上看，我国市场体系建设还有较大上升空间

根据前面建立的评价框架采集数据进行评价后，全国31个省、自治区、直辖市的市场体系建设水平评价结果参见表2–2所示。总的来看，与高标准市场体系建设要求相比，我国市场体系建设还存在较大差距。从总指数看，地方总指数得分均值仅为35.8，考虑到最大可能值为100，因此目前还处于较低水平。一级指数方面，要素配置情况和政府治理效能均值分别为10.7和14，相比之下，市场环境质量指数均值为7.3，市场开放水平指数均值仅为3.8。

表2–2　市场体系建设水平评价情况

排序	地区	总指数	一级指数			
			要素配置	市场环境质量	市场开放	治理效能
1	上海	68.3	10.3	19.4	15.5	23.1
2	北京	63.5	16.0	15.3	10.5	21.7
3	广东	52.2	13.2	10.0	8.8	20.3
4	浙江	51.5	12.6	14.7	4.5	19.7
5	江苏	49.6	12.4	11.1	5.8	20.3
6	天津	42.7	12.5	9.1	5.5	15.6
7	山东	39.5	10.6	7.0	5.6	16.3
8	福建	39.2	12.4	8.2	2.5	16.1
9	湖北	37.1	13.5	5.5	2.7	15.5
10	安徽	36.1	13.1	6.5	2.5	14.0

（续表）

排序	地区	总指数	一级指数			
			要素配置	市场环境质量	市场开放	治理效能
11	陕西	35.8	9.4	6.9	3.6	15.8
12	四川	35.5	11.2	7.7	3.0	13.7
13	重庆	35.1	9.8	9.0	1.5	14.8
14	山西	33.9	6.9	4.0	6.6	16.3
15	江西	33.5	12.6	5.8	1.2	13.9
16	辽宁	32.2	8.6	6.9	5.5	11.1
17	河北	32.0	7.7	4.0	6.7	13.7
18	海南	32.0	10.6	5.5	1.2	14.7
19	河南	31.7	10.0	4.3	2.9	14.5
20	云南	31.2	11.5	5.6	1.8	12.3
21	湖南	30.3	11.2	5.2	2.0	11.9
22	新疆	29.7	11.4	6.5	2.3	9.6
23	内蒙古	28.2	5.9	6.3	3.8	12.1
24	吉林	28.0	12.1	2.8	1.8	11.3
25	西藏	27.5	10.9	8.3	0.0	8.3
26	黑龙江	27.3	8.6	3.1	3.7	12.0
27	甘肃	27.0	9.3	4.8	2.0	10.8
28	广西	26.9	8.2	5.6	2.9	10.2
29	贵州	26.2	9.7	6.5	0.9	9.2
30	青海	25.1	11.6	5.6	0.4	7.6
31	宁夏	22.3	6.9	6.2	0.5	8.6

资料来源：根据计算结果整理。

从重点任务来看，当前市场体系建设还存在明显短板。整体上看，当前市场体系建设需着力提高要素资源配置，优化提升市场环境质量，提升市场开放水平，部分省份还需完善政府治理。得分情况参见表2–3所示。其中，全国31个省、自治区、直辖市在要素资源配置上的平均得分为10.7，在市场环境质量上的平均得分为7.3，在市场开放水平上的平均得分只有3。考虑到每项重点任务对应指标的满分为25分，以12.5分为分界线，可以看到，要素资源配置方面，得分在12.5分以下的省份有24个、市场环境质量方面有28个、市场开放水平方面有30个，而政府治理效能方面只有13个。

表2–3　各地区市场体系在重点任务对应指标方面的得分情况

地区	要素资源配置	市场环境质量	市场开放水平	政府治理效能
均 值	10.7	7.3	3.8	14
标准差	2.2	3.6	3.2	3.9
变异系数	0.21	0.49	0.85	0.28

资料来源：根据计算结果整理。

（二）分地区看，市场体系建设水平与经济水平密切相关，呈地域分化

市场体系建设水平与经济水平密切相关。图2–1给出了市场体系综合指数与人均地方生产总值的走势图，可以看出走势大体趋同，即随着人均GDP的走低，市场体系建设也处于相对较低的水

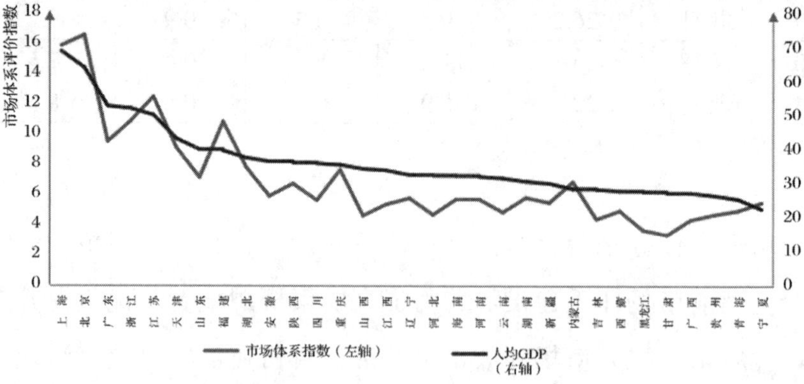

图2–1　各省（自治区、直辖市）市场体系综合指数与人均GDP

资料来源：根据计算结果绘制。

平。这在一定程度上验证了评价指标体系的合理性。从图2-1中还可以明显看出，东部发达地区市场体系的综合指数排名普遍比较靠前，西部省份以及东北地区省份的排名相对靠后。

（三）从示范建设看，北（京）上（海）广（东）高标准市场体系建设走在全国前列

从重点任务表现看，北上广三省份的市场体系建设得分大多位于全国前列。三省份在重点任务方面的得分参见图2-2所示。其中，三省份在政府治理方面均取得了较高的分数，差异主要体现在要素资源配置情况和市场环境质量等方面。

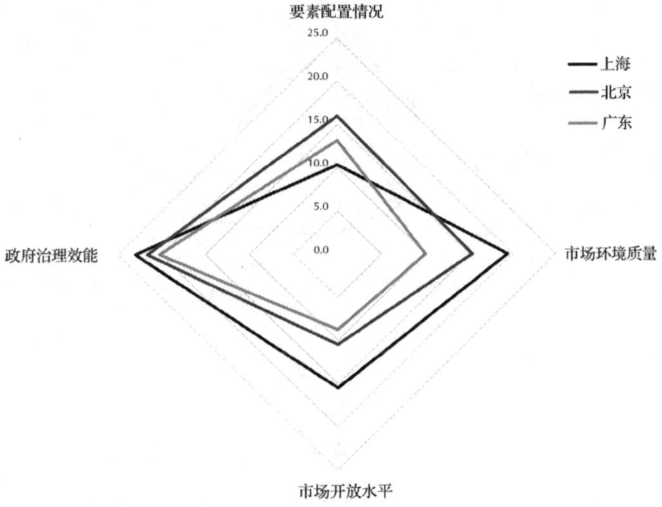

图2-2　北（京）上（海）广（东）市场体系建设重点任务得分情况

资料来源：根据计算结果绘制。

1. 北上广三省份在要素资源配置方面各有优势，也有进一步提升空间

要素资源配置方面，整体来看，北京拿到最高分16分，广东

紧随其后，得分为13.2，上海只拿到10.3分。细分要素得分情况参见图2–3所示。其中，北京在资本和技术要素方面得分较高，上海在土地要素利用效率方面得分较高，广东在技术要素、劳动力要素方面得分较高。显然，北上广三省份在要素资源配置方面各有优势，也都存在进一步提升的空间。其中，北京需着力在提升土地要素利用效率上下功夫；广东需进一步推动资本市场更好地服务于实体经济，支持企业更多采用直接融资，降低实体经济的资金成本；上海需在技术和劳动力要素上下功夫，提高要素配置效率，降低资源错配造成的效率损失。

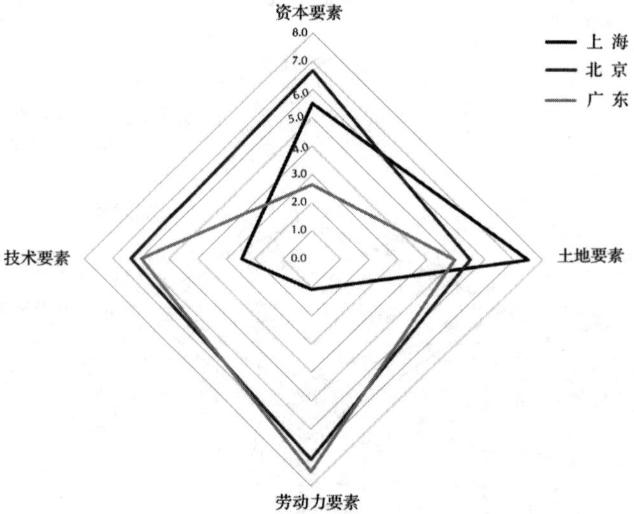

图2–3　北上广要素资源配置方面得分情况

资料来源：根据计算结果绘制。

2. 北上广三省份在市场环境质量方面存在共性问题，流通体系可能成为市场体系建设的重要短板

市场环境质量方面，整体来看，上海拿到最高分19.4分，北京紧随其后，得分为15.3分，广东只拿到10分。市场环境质量的各细

分指标得分情况参见图2–4所示。其中，上海在市场规模和消费支出均拿到满分，产品质量指标得分也较高；北京在消费支出和产品质量方面也具有明显优势，其他方面有待进一步加强；广东在这些方面均没有明显的强项。

整体来看，北上广三省份在流通体系指标方面的得分不高，意味着流通体系建设是市场体系建设的重要短板，可能成为形成以国内大循环为主体、国内国际双循环相互促进的新发展格局的重要阻碍。有必要进一步深入研究，分析流通体系可能存在的其他梗阻。在指标选取上，目前考虑了每万人邮政网点数，以及户均移动互联网接入流量。后续可以进一步分析其他指标刻画的流通体系运行效率。

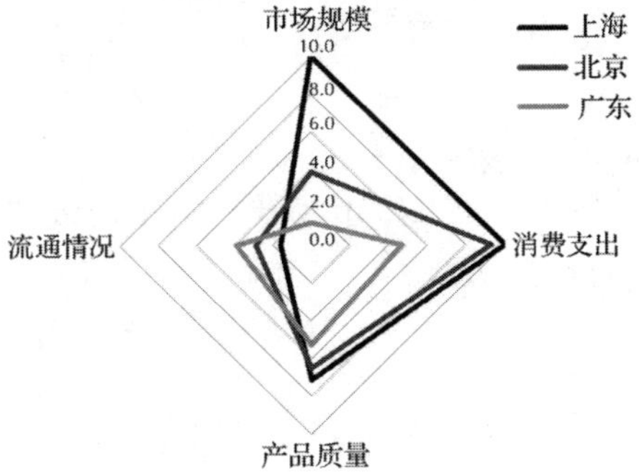

图2–4　北上广市场环境质量方面得分情况

资料来源：根据计算结果绘制。

3. 北上广市场开放各有侧重，开放水平有待系统提高

市场开放水平方面，北上广三省份得分均不高，其中，上海最高为15.5，北京10.5，广州为8.8，相比起25分的满分，均有较大提升空间。得分较低的一个重要原因是，各地市场体系融入国内

大市场的分工协作后，主要承担对内或对外贸易中的一项，从而在另一项指标上得分偏低，拉低了整体分。图2–5给出了北上广市场开放水平的细化指标得分，可以看出，上海和北京在技术开放方面得分较高，在加快建设全球科创中心、增强全球科创资源要素配置能力方面走在全国前列。广东在贸易开放方面得分较高，而在技术开放方面得分偏低。在融入国内大循环的过程中，三省份可以在对内贸易方面继续挖掘市场潜力。

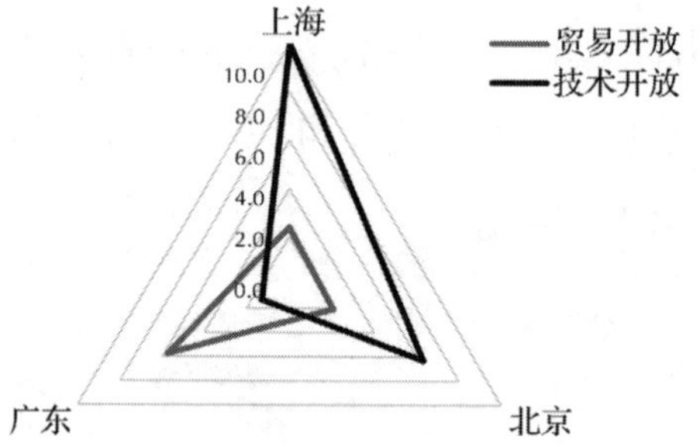

图2–5　北上广市场开放水平得分情况

资料来源：根据计算结果绘制。

五、结论与对策建议

尽管《行动方案》为推进高标准市场体系建设绘制了时间表和路线图，通过对全国31个省、自治区、直辖市市场体系建设进展开展量化评价发现，我国市场体系建设还有较大上升空间，地方在建设高标准市场体系方面还面临着诸如起点高低不平、进度良莠不齐等问题。展望未来一段时期，要坚持深化供给侧结构性改革的战略方向，扣紧扩大内需的战略基点，着力破除区域分割、准入隐性壁垒、内外规则不统一、不同所有制主体难相容、要素配置不公平等梗阻与瓶颈，畅通市场循环，疏通堵点，全面促进内外市场规则融通，强化提升市场监管能力，加快形成高效规范、公平竞争的国内统一市场，健全完善高标准市场体系，畅通国内市场循环，进而为畅通国民经济大循环提供有力支撑与重要保障。

结合高标准市场体系的内涵外延及评估情况，建议围绕重点任务抓好重要改革举措落实，加快推进高标准市场体系建设。

（一）打造高标准制度环境

一是优化市场准入环境，充分激发市场活力。大力破除制度落地执行的隐性壁垒，突破营商环境建设瓶颈，改善政策落地效应，以改革推动营商环境建设。推进市场准入便利化改革，缩短注册登记时间，进一步完善优化各种技术准入资格、认证方面流程，降低技术许可、商标等各项认证成本，增强审核机制透明度。

二是建立产权保护长效机制，依法保护合法权益。优化市场主体产权问题的决策机制和行政、司法程序，健全涉产权错案甄别纠正的常态化机制，做到错案全部予以纠正，并不断提升纠正错案的效率。严格依法查封、扣押、冻结企业财产的实施程序，开展查封、扣押、冻结财产的必要性审查。确保司法机构在处理公权力侵权案件时依法独立行使审判权。

三是强化竞争政策基础地位，保障市场公平竞争。进一步营造公平竞争的市场环境，维护市场公平竞争，为各种所有制主体依法平等使用资源要素、公开公平公正参与竞争、同等受到法律保护营造良好制度环境。重点是更加尊重市场经济规律，减少政府对市场活动的直接干预，促进和保护市场主体公平竞争。

四是加强质量标准监管，筑牢市场安全底线。以提高发展质量和效益为目标，大力开展质量提升行动、深入实施标准化战略、加大质量基础设施建设，从供需两端发力，持续提高产品、工程、服务的质量水平、质量层次和品牌影响力，加快培育国际竞争新优势。建设先进标准体系，夯实质量基础，守住安全底线，增强人民群众的质量获得感。

（二）完善高效率要素配置

一是加快推进重点要素市场化改革。完善土地流转市场与交易平台，扩大市场配置土地范围。深化户籍制度改革，不断推进城乡基本公共服务均等化。提高直接融资比例，降低金融市场中的制度性交易成本。增加高质量创新源头供给，优化科技创新和成果转化的体制机制，充分释放全社会创新活力与潜能。围绕数据确权赋权、规范使用、共享交易、数据治理等关键环节，健全个人数据权属制度，建立数据使用负面清单，及时规制负面因素。

二是进一步完善要素价格形成机制。放宽竞争性领域要素市场准入，不断提升要素价格形成的科学性和要素价格调整的灵活性，不断提升要素市场化配置的水平。围绕各要素市场发育情况、要素资源配置机制、政府干预程度等，构造要素综合价格指数，构建要素价格公示和动态监测预警体系。加强要素领域价格反垄断工作，加强对不当价格行为的查处，维护要素市场价格秩序。

三是促进要素有序流动和优化配置。破除阻碍要素跨区域自由流动的制度性因素，优化要素自由流动的政策环境，搭建跨区域要素市场一体化平台，推动形成全国统一、规范有序、自由流动的要素市场。有序推进工资、利率、地价、企业家薪酬、技术知识收入、数据价格的深层次系统性改革，推动形成真实反映市场供求关系的要素价格体系，发挥市场价格竞争性、高效率配置资源的信号、激励、导向作用。

四是维护要素市场公平竞争秩序。清理废除政府出台的各项产业支持政策中与企业性质挂钩的不合理规定，对涉及要素平等使用的条款进行专项审查。在土地、自然资源拍卖领域，开展打击“围串标”专项行动，利用大数据、人工智能等新技术、新手段加强对围标、串标行为的甄别。完善技术、数据等要素市场竞争规则，真正使技术要素、数据要素有序生产、高效配置。

（三）强化高水平市场统一

一是坚决破除地方保护和区域壁垒。全面落实中央关于建设全国统一大市场的总体要求和战略部署，持续清理和废除妨碍全国统一市场和公平竞争的各种规定和做法，消除招商引资恶性竞争现象，促进区域竞争从拼政策转向拼营商环境转变。建立与全国统一大市场建设相匹配的反垄断和反不正当竞争法治体系，加强监管执法过程中的上下联动与部门协同。

二是加快建设现代流通体系，构筑顺畅流动的便捷通道。深化流通领域供给侧结构性改革，形成适应现代经济体系要求的商品流通体系，以流通创新促进商产融合和消费升级，带动全产业链升级和效率提升。加强流通企业信息化建设、品牌化建设，培育一批具有国际竞争力的现代流通企业。从标准制定、供应链优化、业态创新、新技术推广等方面优化流通体系各环节，确保流通体系高效运转，促进物流相关信息互联互通。

三是加强跨区域合作，推进全国统一大市场建设。在维护全国统一大市场的前提下，加强区域之间规划合作，实现招商引资、财税、土地、金融等政策一体化，强化区域产业分工协作和错位发展，降低重复性内耗式开发。以区域重大战略为依托，统筹调度各类资源，优化配置生产要素，加快建设跨区域市场准入服务系统，提升区域投资贸易便利化水平，完善跨地区监管执法合作机制。推动区域内和区域间市场融合，推动形成全国统一大市场。

四是推进高水平制度型对外开放，强化全球资源配置功能。不断丰富市场对外开放的层次和内容，促进对内对外双向开放。积极推动全球经济系统实现再平衡，与全球共享我国市场规模扩大和创新发展的红利。同时更加注重制度型开放。发挥好自贸试验区的牵引集成作用，推动形成制度型开放新优势。

（四）实现高效能监管治理

一是深入推进简政放权。进一步转变政府职能并深化机构改革，改变传统“大包大揽”的政府信息化建设运营管理模式，减轻地方政府支出压力。减少微观管理事务和具体审批事项，大力缩减市场准入负面清单。确保通过改革实现产权有效激励、要素自由流动、价格反应灵活、竞争公平有序、企业优胜劣汰，让各类市场主体有更多活力和更大空间去发展经济、创造财富，实现资源配置效益最大化和效率最优化。

二是加强事中事后监管。改革以审批发证为主要内容的传统管理体制，最大限度减少审批，把更多行政资源从事前审批转到加强事中事后监管上来。加快社会信用体系建设，运用区块链、大数据等新技术提升智慧监管水平。对涉及公共安全和人民群众生命健康等特殊重点领域实行严格监管。坚决维护金融安全，防范地方政府债务风险，守住不发生系统性风险底线。

三是开展重点领域专项治理。围绕市场主体反映最强烈、舆论关注度最高的突出问题组织开展专项治理。例如，针对违规增加企业负担问题，重点整治违反收费清单及收费标准额外设立收费项目，强制或变相强制企业缴纳会费、活动经费行为，向企业摊派、索要赞助以及强制企业捐赠捐献等行为。

四是整合优化公共服务。着力解决公共服务资源布局难题，在教育、医疗、养老等领域按需突破行政区划界限，拓展公共服务覆盖面和延伸半径，进一步提高资源配置和使用效益。全面推进政府运行方式、业务流程和服务模式的数字化智能化，推动政府治理流程再造和模式优化，提升公共服务效能。

参考文献

陈大鹏, 吴舒钰, 李稻葵. 中国构建开放型经济的经验和对新发展阶段的启示——政府与市场经济学的视角[J]. 国际经济评论, 2021(6).

储德银，费冒盛. 财政纵向失衡、转移支付与地方政府治理[J]. 财贸经济, 2021(2).

洪银兴. 实现要素市场化配置的改革[J]. 经济学家, 2020(2).

刘志成, 臧跃茹. 构建现代市场监管体系：现实基础、改革方向与推进思路[J]. 宏观经济研究, 2021(8).

马建堂. 建设高标准市场体系与构建新发展格局[J]. 管理世界, 2021(5).

王磊，梁俊. 中国现代市场体系建设进程评价研究[J]. 经济纵横, 2021(2).

王小鲁, 樊纲, 胡李鹏. 中国分省份市场化指数报告（2018）[M]. 北京：社会科学文献出版社, 2019.

周适. 高标准市场体系建设研究[J]. 中国物价, 2021(8).

第二篇

高质量市场主体

第三章　加快建设世界一流企业

内容提要： 世界一流企业在全球经济发展中发挥着引领、支撑和融合的作用，是衡量一国经济强弱的重要指标。在厘清概念、总结特征的基础上，选取《财富》世界500强上榜企业进行比较分析，发现我国已具备创建具有全球竞争力的世界一流企业的基础条件，但在盈利能力、自主创新、行业分布、国际影响等方面还存在不小差距，有必要进一步深化国有企业分类改革，优化公平竞争的市场环境，完善企业走出去的服务保障，减少不当市场干预，加快建设世界一流企业。

世界一流企业是世界经济舞台上第一方阵的企业，加快建设一批具有全球竞争力的世界一流企业，是新时代中国特色社会主义市场经济发展的内在要求，是我国经济走向高质量发展阶段中后期的重要标志，也是我国大企业集团适应新时代、引领新时代的战略目标。

一、世界一流企业的定义与内涵

近年来，随着中国经济的稳步发展和国际地位的日益提升，国内许多企业提出了成为世界一流企业的战略目标。但是，对于“世界一流企业”，国际上并没有一个公认的标准，因此，如何定义“世界一流企业”，或者说如何深刻理解“世界一流企业”的内涵，对于中国企业来说是一个崭新的课题。

“世界一流企业”一词尽管使用极为广泛，但缺乏严格的学术定义。“世界一流企业”是中文提法，在英文词汇中并无明确的对应。从直接的语义角度来分析，“世界一流企业”中的“世界”是对处于领先状态所比较的对象范围的界定；“一流”是相比其他企业处于领先状态的表述，意味着如果一个企业进入世界上其他企业难以超越的领先状态，这就是“世界一流企业”。因此，从字面意思来看，“世界一流企业”就是指在全球范围内，在核心素质、运营绩效和价值创造等方面，在其领域位于一等水平的企业。它不只是规模大、产值高的产业，也不是简单的具有一般竞争力的企业，而是具有不断自主创新能力并将其作为核心支撑，具有综合国际竞争力的企业。

对世界一流企业或世界级企业内涵的界定，可谓见仁见智。要准确把握“世界一流企业”的内涵，需要回答一个关键问题——如何衡量企业是否处于领先状态，或者说其领先状态体现在哪些方面。美国有专家认为，世界级企业应具有以下特点：一是合适的规模；二是高超的产品和服务；三是有能力与全球企业在国内或国际市场上竞争；四是世界通行的质量标准；五是跨国界、跨文化管理；六是柔性，即有能力对顾客需求的不断变化进行动态调整；七是集中与建立核心的专长。英国有专家对世界级企业作了概括，认为“在某企业所从事的领域中，能够与世界顶级企业进行竞争”，并归纳出市场份额、顾客服务、员工管理与使用、资产运营效率及企业内部管理效率等5个衡量标准。

当前，我国正在积极探索世界一流企业的培育途径，国内相关的理论研究主要从世界一流企业的特征以及内涵进行讨论。基于国际可比较、可衡量、可操作的原则，胡鞍钢和马英钧（2018）提出世界一流企业的三个标准：一是进入世界500强（即占有主导地位）；二是进入世界同行业前20名（即具有引领作用）；三是必须拥有自主核心技术、知名品牌或国际标准（即有话语权和影响力）。满足其中一个标准就可以认为该企业是“世界级企业”；满足两个条件，可认为其为“世界级优秀企业”；如果同时满足这三个条件，才能够认定该企业为“世界一流企业”。黄群慧等（2017）提出，被定义为“世界一流”的卓越企业通常有能力展现出多方面的优势，并在诸多可与竞争对手相竞技的维度上——无论在产品或服务设计、生产工艺或品质控制等方面，还是在经济绩效、客户满意度、社会价值等方面都能够形成与众不同的市场竞争力、行业领导力和社会影响力。

因此，整体来看，世界一流企业的概念包括市场主导地位、行业引领作用和全球话语权及影响力等三个方面，涉及技术、品牌、管理、人才和文化等多个要素。所谓世界一流企业，可以认为，是指拥有极强的规模实力、国际化经营能力和核心竞争力，具备世界一流的技术水平、品牌影响力、管理水平、人才队伍和企业文化，在国际资源配置中发挥重要作用，对于所在产业发展具有较强的话语权和影响力，在全球经济舞台上处于第一方阵的翘楚企业。

二、我国企业与世界一流企业比较分析

发达国家的优秀头部企业的典型特征为我国建设世界一流企业提供了重要借鉴。以《财富》世界500强为例，世界500强企业大约占据了全球生产的40%、国际贸易的50%和国际直接投资的90%，是一个国家最亮的经济“名片”。2019年度世界500强排行榜中，中国上榜企业（含港澳台）数量达129家，首次超过美国。深入分析世界500强一流企业的特征后发现，我国企业占据世界500强数量榜首的背后，仍存在深层次的发展质量差距。

（一）盈利能力仍存短板，大而不强问题依然突出

一是利润水平仍徘徊于平均线以下。我国上榜企业的平均利润为35亿美元，低于43亿美元的世界500强企业平均水平。如果不计算银行企业，美国其他113家企业的平均利润高达52.8亿美元，是我国其他108家企业的近三倍。

二是“亏损榜”与“赚钱榜”形成鲜明反差。在31家亏损的上榜企业中，我国占比最高，为39%。在最赚钱的50家上榜企业中，我国仅占24%。而美国在亏损企业榜只占19%，在最赚钱的50家企业榜中却占据半壁江山。这暴露出我国企业在提质增效方面亟待实质性突破。

三是规模持续扩张仍未填平利润沟壑。从1996年到2019年，我国上榜企业的营业收入规模增加了262倍，但与美国上榜企业的平

均利润差距仍然高达78%。表明我国上榜企业存在一定程度的“虚胖”，一味依靠兼并重组扩大规模的发展方式需要根本转变。

上述内容参见图3-1、图3-2所示。

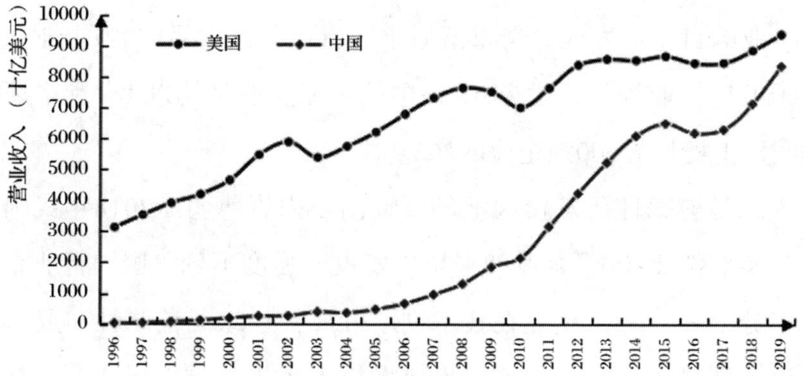

图3-1　中美世界500强上榜企业营业收入对比

资料来源：根据《财富》世界500强榜单整理。

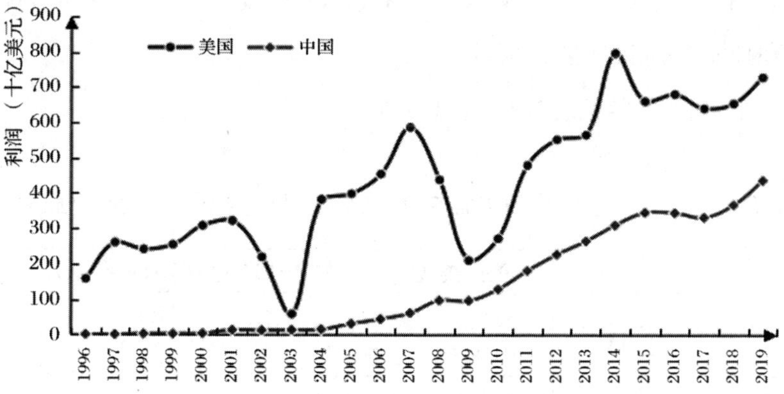

图3-2　中美世界500强上榜企业利润额对比

资料来源：根据《财富》世界500强榜单整理。

（二）全面自主创新任重道远，科技短板亟待补齐

一是我国企业与全球创新排头兵相差甚远。我国上榜世界500强企业的自主研发能力严重落后于同行业其他世界500强企业。以电子电气产业为例，世界500强中的一流企业平均PCT专利申请数是我国上榜世界500强企业的266.9倍。

二是前瞻性研发投入不足导致创新积累薄弱。2018年我国车辆与零部件业500强企业的平均研发投入强度不到美国同行业企业的三分之一。我国企业在技术创新方面往往缺乏前瞻性布局，只关注当期技术收益，忽略技术研发投入积累，难以保证企业技术始终处于全球领先地位。

三是内生技术不强导致关键技术存在“卡脖子”症结。我国上榜的500强企业大多存在重市场、轻研发的问题。关键设备和元器件受制于人、基础研究缺失、成果转化不足，导致企业原始创新能力和技术整合集成能力欠缺。

上述内容参见表3–1、表3–2所示。

表3–1　2018年世界500强中的国外企业与我国500强企业对比

行业	企业类型	平均PCT专利申请数（万件）
车辆与零部件	对标企业	237.5
	中国企业	1.6
电信	对标企业	33.0
	中国企业	0.0
电子、电气设备	对标企业	1067.7
	中国企业	4.0

（续表）

行业	企业类型	平均PCT专利申请数（万件）
炼油化工	对标企业	18.1
	中国企业	6.7

资料来源：世界知识产权组织官网（WIPO：网址是https://www.wipo.int/）。

表3-2　各国2018年世界500强企业研发投入对比
（以车辆与零部件行业为例）

国家	企业数	平均研发投入（百万欧元）	平均净营业收入（百万欧元）	平均研发投入强度（%）
德国	6	6528.1	108701.6	6.0
美国	2	6378.7	126058.6	5.1
日本	10	2610.8	61352.0	4.3
中国	5	513.7	29302.5	1.8

资料来源：《财富》世界500强榜单和欧盟委员会《2018年欧盟工业研发投资排名》报告。

（三）国际影响力差距较大，国际化程度及全球价值链整合能力有待提高

一方面，国际化程度与世界一流企业存在天壤之别。《2019年世界投资报告》显示，中国企业海外收入占比只有美国企业的二分之一，海外人员占比仅有美国的四分之一，跨国性方面存在显著差异。

另一方面，全球价值链资源整合能力不足。我国大多数500强企业在全球价值链中的标准制定、组织协调、治理掌控方面都存在短板，制约其提升吸纳和整合全球价值链优质资源的能力。

因此，通过价值链盈利的广度、深度和跨度严重不足。

上述内容如表3-3所示。

表3–3　500强企业国际业务开展情况的中美比较

国家或地区	上榜企业数	平均国外资产（亿美元）	海外资产/总资产（%）	平均海外收入（亿美元）	海外收入/总收入（%）	平均从业人员（万人）	海外人员/总人数（%）
中国	6	647.2	31.3	234.7	21.8	2.9	11.2
美国	19	921.4	45.6	611.2	43.0	13.0	46.5

注：联合国贸易和发展会议（UNCTAD）发布的《2019年世界投资报告》给出了按海外资产排名的非金融领域全球100大跨国公司国际业务开展情况。其中，中国和美国分别有6家和19家500强企业上榜。

资料来源：《2019年世界投资报告》。

（四）深层次结构性矛盾凸显，民营企业和制造业企业高质量发展仍需突破

一是上榜企业的行业分布上存在极化效应。我国上榜企业覆盖35个行业，涉及行业数不到美国的一半，多样性和均衡性明显滞后，且上榜企业集中于自然垄断和市场寡头垄断行业，数量仅占4%的银行企业赚取了40%的利润。

二是行业分布反映出产业结构升级的迫切需求。我国上榜企业多集中于传统的基础材料、能源、汽车制造等行业，在生物医药、信息技术服务、文化娱乐等新兴产业涉足甚少。

三是上榜民营企业比重不高。全部上榜企业中民企仅占17%，为民营企业释放更大的发展空间仍是当前迫切需要解决的关键问题。

四是房地产企业的大幅跃升折射出经济“脱实向虚”隐忧。500强榜单中仅有的5家房地产企业全部来自我国，其净利润总和占我国上榜企业总利润的10%，利润率远高于其他上榜制造业企业。

三、结论与对策建议

世界一流企业不仅是我国现代化经济体系的重要组成部分，也是在经济全球化背景下建立全球价值链，提升国际竞争力的关键。随着经济实力的不断增长，我国具备了创建具有全球竞争力的世界一流企业的基础和条件，但也存在不小差距。要遵循企业发展的普遍规律，以全球视野和战略眼光，准确把握建设具有全球竞争力的世界一流企业的新内涵新要求，找准与世界一流企业的差距，建设具有全球竞争力的世界一流企业。

（一）深化国有企业分类改革，推动国有企业做强做优做大

深化商业类国企混合所有制改革，打破竞争性领域所有制限制。对于充分竞争的行业领域，要实行有进有退的市场化运营，灵活开展市场化考核激励，实现国有资产保值增值和财税增收。对处于关系国家安全、国民经济命脉的重要行业和关键领域、主要承担重大专项任务的商业类国企，要聚焦主责主业，加快非主业、非优势业务进行产权多元化、分散化的股份制改造，腾退资本向主业集中。公益类企业要始终把社会效益放在首位，高效率提供公共产品和服务，做好优质服务提供者。选取一批工作基础好的国有企业改造成“淡马锡式”控股型公司，为国资管理部门从“管资产”转向“管资本”创造制度性条件。

（二）优化公平竞争的市场环境，支持民营企业改革发展

竞争是市场经济充满活力的重要保障和催化剂，它促使市场体系逐步得到完善，促进市场体系结构的优化和市场功能的有效发挥。建设高标准的市场公平竞争制度体系是高水平市场经济体制的本质要求，也是实现资源优化配置的前提。

一是实施统一的市场准入负面清单制度，继续放宽准入限制，减少限制条款，开放更多领域。

二是构建各种所有制主体依法平等使用资源要素、公开公平公正参与竞争的市场制度，在市场化有效竞争产业领域，破除制约民营企业发展的各种壁垒，政府公平地对待所有市场经营主体，各种所有制企业在市场化有效竞争产业领域展开平等竞争。

三是加强产权保护，形成良好的监督和惩罚机制，维护市场稳定，鼓励和引导民营企业加快转型升级，深化供给侧结构性改革，不断提升技术创新能力和核心竞争力。

四是不断完善与有效实施《反垄断法》《反不正当竞争法》，加强反垄断和反不正当竞争执法司法，规范各种市场主体行为，维护公平竞争的市场秩序。

（三）优化服务强化保障，助推企业高质量走出去

推动中国企业“走出去”，要在虹吸外国优质要素以推动国内生产的同时，积极参与全球经济，不断增强中国国际经济合作和竞争新优势。

一是扩大开放打造创新共同体。加强“一带一路”科技合

作、中欧科技创新合作，积极发展全球科技伙伴关系，加快与欧盟、日韩、东盟等形成区域经济一体化、创新价值链一体化的新格局，扩大同各国的利益交汇点。鼓励拥有自主知识产权核心技术的优势产业以创新链形式“走出去”，在全球产业链上布局创新链成果。利用好超大规模市场优势和资本逐利本能，持续吸引国际产业资本进入，通过市场联结形成利益共同体，通过市场伙伴诉讼、游说，对打压中国的某些国家的政府施加压力。

二是提升企业国际规则适应力。引导高科技企业进一步健全自身的合规体系，根据境内外相关监管规定、监管重点变化，及时更新调整合规战略，增强合规风险抵御能力。建立健全风控机制及应急机制，提前策划应对战略，考虑剥离风险业务并寻求替代市场或产品，提前拓展业务领域。协助被列入出口管制清单的中国企业确认被列入原因、基于列入原因进行相关资料准备、按照规定沟通申请许可证或提出移除申请等工作。组织开展合规培训，协助划定合规边界，避免为迎合监管要求而出现过度披露等情形。

三是完善企业海外权益保护机制，综合运用外交、经济、金融等多种手段，尽最大可能维护中资企业利益。在紧急必要情况下，协调金融企业和国内资本对相关企业的支持，通过多途径协调国际资源，支持企业度过难关。

（四）加快转变政府职能，营造更好发展环境

市场主体是发展的微观基础，是推动经济社会发展的活力之源。要完善中国特色社会主义市场经济体制，就必须塑造平等的市场化主体，充分调动积极性、创造性，充分激发市场主体活力。

一是改革行政审批制度，建立办事高效、运转协调、行为规范的行政管理体系，改进政府工作作风，最大限度降低制度性成本。

二是破除行政垄断和地方保护主义的地区封锁，促进商品和各种生产要素在全国范围内的自由流动，促进地区间市场的交流与融合，共享市场资源。

三是优化资源配置。不当市场干预会影响市场体系的健康发展，导致资源的浪费和不合理配置，要开展正当、公平、有序的竞争。要加速资源在全国范围内的有效运转和流通，提高资源配置效率。

参考文献

董福贵, 吴南南, 杨尚东, 程俊杰. 具有全球竞争力的世界一流企业的特征及培育路径——以电网企业为例[J]. 现代经济探讨, 2018(3).

郝鹏. 培育具有全球竞争力的世界一流企业[J]. 当代电力文化, 2017(11).

胡鞍钢, 马英钧. 中央企业:从经济支柱迈向世界一流[J]. 现代国企研究, 2018(Z1).

黄群慧, 余菁, 王涛. 培育世界一流企业: 国际经验与中国情境[J]. 中国工业经济, 2017(11).

王勇. 全面提升管理 打造世界一流企业[J]. 国企, 2012(4).

张文魁. 世界一流企业八个特征[J]. 港口经济, 2012(2).

第四章　助力中小企业平稳健康发展

内容提要： 中小微企业是经济的毛细血管，是推动社会经济发展的重要力量。受国内疫情反复、极端天气冲击、大宗商品涨价等因素影响，市场主体尤其是中小企业出现了信心和活力不足的苗头。2021年10月，通过对1559家企业生产经营情况进行问卷调查，发现中小企业面临成本攀升、融资困难、扶持低效等困难，生产经营全面承压。建议针对中小企业等市场主体面临的痛点问题，精准施策，惠企纾困，切实稳定市场主体信心，持续激发市场主体活力，夯实经济行稳致远的微观基础。

一、中小企业生产经营的主要问题

（一）规模收缩、营收滑坡

部分企业出现经营收缩。调查发现，与二季度相比，三季度生产规模环比下降10%以上的企业数超过增长10%以上企业数的2倍，而下降30%以上的企业数达到增长30%以上企业数的3倍。分规模来看，对成本敏感、议价能力低的中小企业冲击更大。年营业收入300万元以下的企业中，生产规模增长10%以上的企业达到下降10%以上企业的5倍，成为业务收缩的主体。而对于年营业收入10亿元以上的企业，两者占比一致。如图4-1所示。

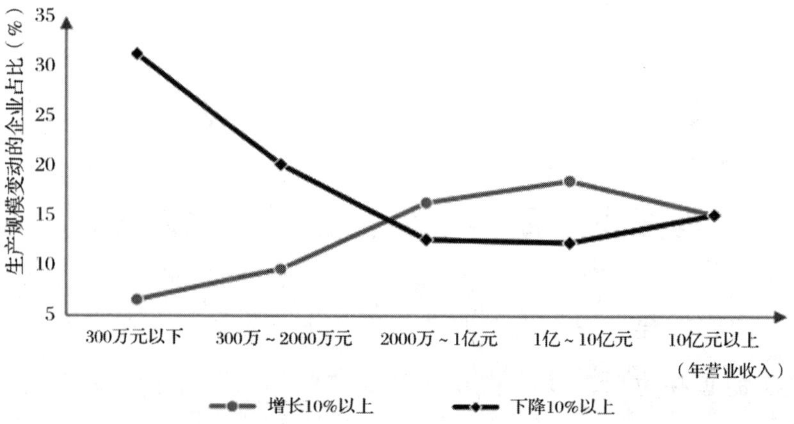

图4-1　不同规模企业生产经营季度环比情况

资料来源：根据调查问卷反馈数据计算后绘制。

规模收缩推动营业收入滑坡。数据显示，营业收入季度环比下降10%以上的企业占比达到28%，而增长10%以上的企业占比仅为10%。分规模来看，年营业收入300万元以下的企业中，营业收入的季度环比下降10%以上的企业占比达到37.3%，远超过年营业收入10亿元以上企业17.4%的水平。

（二）盈利困难、用工削减

部分企业的利润空间被挤压。2021年三季度以来，超过30%的企业反映，其主营产品销售价格与二季度相比有所下降，使得利润空间被大幅挤压，小微企业营业收入下降态势更加凸显。有

55.36%的企业反映利润空间被挤压是其面临的主要困难之一，其中，中小微企业面临的盈利压力更大。

雇工人数不同程度萎缩。整体上来看，与二季度相比，雇工人数持平、下降和增加的比例为5∶3∶2。分行业来看，外贸依存度较高的纺织服装、仪器仪表、化学原料、黑色有色金属等行业的雇工收缩幅度较大。分规模来看，大企业增加雇工的多，小企业削减雇工的多。比如年营业收入300万元以下的小微企业中，雇工下降10%以上的比例达到15.1%，是占比最高的规模类型；营业收入1亿元以上的企业中，雇工增长10%以上的企业占比超过10%，也明显高于1亿元以下企业的水平。

（三）信心不足、投资收紧

从综合发展指数看，2021年9月的中小企业发展指数延续了自3月以来的下行态势。在经济下行压力加大、疫情反复、原材料成本高企等综合背景下，悲观预期增强，中小企业信心不足问题再次凸显。2021年三季度的中小企业发展指数为86.7，比二季度下降0.5，低于2020年和2019年的同期水平，处于去年三季度以来的最低点。可见，中小企业信心不足已成为经济持续稳定复苏的重大障碍。

反映到投资上，企业投资整体上以观望为主。一半企业选择视市场情况而定，25%倾向于保持现状，9%计划收缩业务缩减规模，15.1%选择追加投资扩大经营。企业投资意向也随企业规模不同而出现分化：规模越大，追加投资扩大经营的意愿越强；规模越小，收缩业务缩减规模的企业占比越高。追加投资方面，年营业收入在1亿元至10亿元之间的企业中，计划追加投资的比例达到

35%，远超小微企业10%的水平。收缩业务方面，年营业收入300万元以下的小微企业中，计划收缩业务缩减规模的企业占比达到13.5%，远超大企业2%的水平。

上述内容如图4–2所示。

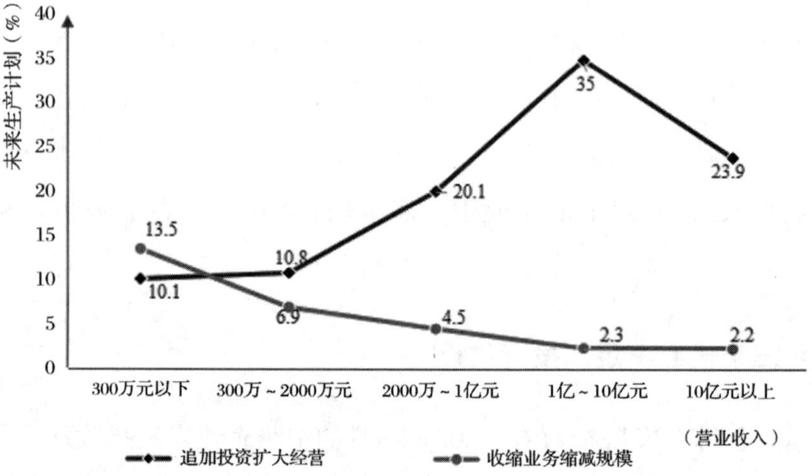

图4–2 不同规模企业未来投资意向情况比较

资料来源：根据调查问卷反馈数据计算后绘制。

二、中小企业走出困境的突出困难

（一）多重因素推高企业成本

大宗商品涨价推高原材料成本。2021年三季度商品指数（CRB指数）同比增长45.1%，10月22日CRB指数持续增至558.5，创年内新高。大宗商品价格上涨的成本压力沿着产业链逐级传导，而中小企业往往都处于产业链中下游，成本压力最终难以向消费终端转嫁。调研显示，53.05%中小企业三季度的原材料成本较二季度增幅超过10%。分行业来看，黑色和有色金属制品、计算机通信和仪器仪表、家具和体育娱乐用品制造成本上涨明显，分别有75.61%、71.31%和65%的企业原材料成本环比涨幅超过10%。

疫情反复推高用工成本。随着疫情呈间歇式点状爆发，高风险和中低风险区域的疫情防控严格程度不同，给人员自由流动带来较大阻碍，导致"招工难"问题再度来袭，生产制造类企业的此类矛盾尤为突出。调研显示，72.22%的企业反映三季度用工成本较二季度有所上升。

运输受阻推高物流成本。68.69%的中小企业反映物流成本较二季度环比上升，其中高达34.89%的企业指出物流成本上升幅度达到10%以上。

部分开展海外业务的中小企业反映，海外流通成本受"缺箱""少柜"困扰，部分海运航线集装箱价格上涨近10倍，仍然是"一箱难求"。

（二）风险传导放大融资困难

中小企业资金紧张的态势有所抬头。由于货币信贷增速放缓，中小企业流动资金的紧张状况有所抬头，34.12%的企业反映资金链紧张是企业生产经营中面临的主要困难之一。在所调查的8个行业中，有7个行业的流动资金指数和4个行业的融资指数环比下降，4个行业的应收账款上升。部分大型民营企业信用风险波及中小企业。近期，恒大、海航等大型民营企业因激进扩张、跟风跨界等盲目多元化发展而引发大面积的信用风险。信用风险一方面纵向上沿着产业链蔓延，导致大量有业务关联的中小企业业绩滑坡；另一方面负债问题传导至资产端，导致行业融资环境进一步趋紧，流动性风险抬升。流动性风险和信用风险相互交叉传染，会导致广泛的信用收缩，触发系统性金融风险和群体性社会风险，给中小企业健康发展制造出难以估量的隐患和障碍。

（三）惠企政策效果不够理想

惠企政策效果不够理想。从反馈情况来看，认为惠企政策有效果（含效果比较显著和非常显著两项）的企业占比只有41.31%，不到受访企业的一半。另有43.17%的企业认为政策效果不够显著，剩下15.52%的企业认为没有效果。分规模来看，惠企政策效果出现明显分化：大企业惠企政策的认可度较高，小微企业认可度较低。年营业收入300万元以下的小微企业中，65.2%的企业认为惠企政策效果不够显著或者没有效果，而在年营业收入10亿元以上的大型企业中，同样比例的企业认为惠企政策效果非常显著或者比较显著。这表明，惠企政策的精准度不足，小微企业的政策获得感有待进一步增强。未来进一步出台惠企政策时，需要更加注重靶向聚焦、精准滴灌。

三、惠企纾困存在政策偏差的主要原因

（一）政策精准性不高，不同主体的获得感有偏差

不同行业企业所面临的资源和市场约束不同，政策效果也就存在差异。比如新冠肺炎疫情对于酒店、餐馆和航空业是毁灭性打击，但对于IT、物流和电商却存在利好，因此宽松货币政策对

于前者可以起到纾困作用，但对于后者可能造成过热。大中小企业的政策诉求存在明显差异。有研究显示，销售收入2亿元以下的企业主要面临“生存”问题，2亿元以上的则基本完成了资本原始积累，其面临的主要困难是“发展”问题。

从政策诉求来看，大中型企业希望进一步加大减税降费力度，实施更加宽松的用工政策；小微企业希望实施更大力度的融资支持政策，加强市场监管优化市场环境。中国人民银行发布的银行家问卷调查结果也支持这一点，2021年下半年，大型企业的贷款需求指数低于50，表明其贷款需求已呈收缩态势，而小型企业的贷款需求指数为62，具有较强的贷款需求。

（二）政策协调性不足，存在政策合成谬误

一是惠企政策碎片化问题突出。某市提供惠企服务的“政策通”平台已汇集惠民惠企政策资讯18684条、政策文件1554个、政策项目1440个。市场主体对碎片化的惠企政策普遍掌握得不全、不新、不准确，零散的举措难以达到总体效果。

二是惠企政策兑现存在困难。有企业反映惠企政策兑现情况参差不齐，有的是因为政策宣传不到位，有的是惠企政策不够具体不便操作，还有的是由于地方财政困难而出现拒绝兑付、推迟兑付、打折兑付等，使一些惠企政策“看得到”“摸不着”。

三是惠企政策还可能被地方政策对冲抵消。以税费为例，减税政策会产生短期减收效应，容易引起地方政府在财政压力下变相违规收费。国务院督查室通报显示，为弥补财力紧张及不合理支出等资金缺口，河北某市出现大面积大规模的乱收费乱罚款乱摊派问题，搞上有政策、下有对策，直接抵消了助企纾困、减税

降费政策红利。

（三）时度效把握不准，导致超预期冲击

受疫情多地散发以及国际价格形势影响，短期来说，经济客观上面临着新的下行压力，这些压力传导到市场主体身上，叠加政策影响后，出现了一些超预期的变化和冲击。

一方面，政策一刀切、运动式执法问题仍然存在。有地方“一刀切”限电限产或“运动式”减碳，不仅影响民众安全过冬，也妨碍企业正常生产运行。对于教培行业的整顿，一些地方也出现了“一刀切”现象，增加了社会不稳定因素，还使不少教育培训活动转到地下。

另一方面，强监管下的业务收缩也引发大规模缩招和裁员。受疫情、政策、融资等多重因素叠加影响，互联网行业进入深度调整。前程无忧数据显示，互联网公司2022届校招岗位总数比去年缩减15%至20%。拉勾招聘数据研究院报告显示，自2021年11月以来，互联网大企业的人才需求指数整体下降26%。校外培训行业也面临同样问题，自“双减”政策落地后，仅新东方一家即裁员或超4万人。

四、助力中小企业走出困境的对策建议

（一）加强价格监测预警，做好原材料保供稳价工作

构建大宗商品价格预警指数，密切跟踪监测大宗商品的价格走势，持续加强监测预警，排查异常交易和恶意炒作行为。严

厉查处达成实施垄断协议、散播虚假信息、恶意囤积、哄抬价格等扰乱市场行为，维护正常市场秩序。加强期（现）货市场联动监管，适时采取提高交易保证金标准等针对性措施来抑制市场过热。警惕金融资本大肆涌入大宗商品市场的投机炒作现象，抑制过度金融化、资本化倾向，降低炒作空间，打击炒作行为。引导重点企业依法合规有序经营，带头维护大宗商品的市场价格秩序，保障大宗商品供给。发挥行业协会作用，从有利于行业长远健康发展的角度强化行业自律。完善大宗商品多元化的进口供应体系，确保国内供应链的安全和稳定。

（二）加大金融支持力度，有效改善资金链紧张局面

持续实施好直达实体经济的货币政策工具，保障资金使用的精准性和直达性。加大普惠小微信用贷款支持政策等的实施力度，引导银行发放更多普惠小微信用贷款。发挥地方政府融资担保机构作用，为小微企业融资提供增信、担保，提升覆盖面，降低担保门槛和担保费率，简化担保手续。借助互联网、大数据、人工智能等技术手段，紧密结合小微企业在疫情下的资金诉求，精准提供金融服务。强化地方财政资金对信贷资金流向的引导，对支持中小微企业力度较大的金融机构进行税收减免和财政奖补，充分调动各方面的积极性。对受疫情影响产生的轻微失信行为实施信用豁免，及时指导各类失信主体开展信用修复。

（三）实施更加精准有效的惠企政策，提高企业获得感

严格落实“减税降费”各项税收优惠政策，对符合条件的困难企业，落实延期缴纳税款等税收帮扶措施。开展价费优惠政

策落实情况和涉企收费检查，对于受疫情影响的住宿餐饮、文体娱乐、交通运输、旅游等行业的困难企业，加大质量安全监测、计量校准监测等费用减免力度，帮助企业降低经营成本。实施包容审慎监管，除涉及疫情防控和人身财产安全的执法检查外，对复工复产企业实行无举报不检查的“安静生产模式”，最大限度减少对企业正常生产经营的干扰。实施降低失业工伤保险费率，稳岗返还、以工代训等行之有效的惠企助企政策，保持政策连续性、稳定性和可持续性。

参考文献

刘泉红，刘健.国外中小企业政策比较及对我国的启示[J].中国中小企业，2017(7).

李建刚. 关于推进中小企业政策落地问题的思考[J].大庆社会科学，2015(4).

周适. 提升惠企政策有效性研究——基于对中小企业分地域、对比式调研[J].中国物价，2022(5).

第五章　扶持个体工商户纾困发展

内容提要：个体工商户是中国特有的概念，在欧美等发达国家和地区并没有“个体工商户”这样一个名词，但存在与之相似的群体。这些从业者通常被称为小商人或小商贩，并作为一类特殊群体被排除在商事登记之外。通过对小商人制度的国际经验进行系统总结，结合我国个体工商户群体发展状况和政策诉求，提出完善相关制度建设的对策建议。

我国正加快建设高标准市场、构建高水平社会主义市场经济体制，激发市场主体尤其是个体工商户这一相对弱势群体活力是其应有之义。

一、国际上扶持个体工商户群体发展的典型经验做法

国际上，小商人一般是指从事基本商事营业，很少适用相关商事法律法规，更不需要完全履行法定商事权利义务的商事主体。其制度设计主要包括商事登记、公平竞争、监督管理、优化

服务、政策激励等内容。

（一）设定必要标准，强化制度规范

境外商事登记制度普遍认为小商人的作用是解决失业人群的就业和基本生计问题。当小商人从事经营活动获取的利润完全超过生活需要的范围，积累了一定的资本，开始从事资本增值的营利性活动时，就不再是从事个人经营的小商人了，而应该成立某种形式的企业，寻求国家对其资本营利性活动予以更高层次的保护，通过许可等准入制度使其转变为真正的商事主体。

一是设定规模上限，超出范围的要登记为企业。按照发达国家的普遍标准，雇员人数在10人（不含10人）以下的小型生产或服务组织都应归于微型企业。日本《商法施行规则》进一步规定资本金额为50万日元以下的非公司商人为小商人，商人同时经营数个相关营业的，以其财产总额作为判断基准。

二是对注销等行为进行适度约束，保护各方权益。《德国商法典》规定自由登记商人可以自由选择是否进行注册登记，即使已经进行了登记，也可以基于经营者的申请进行注销。但已经进行登记的自由登记商人一旦达到法定的经营规模，就成了当然商人，不得再行使任意注销权。通过设定必要标准，可以避免被一些经营者钻制度空子，假借小商人身份逃避税务、债务责任，或享有不公平竞争优势。

（二）倡导营业自由，保障公平竞争

一方面，把营业权或营业自由载入宪法，作为公民的一项基本权利进行尊重和保护。营业权是指民事主体基于平等的营业

机会和独立的投资主体、营业主体资格，可以自主地选择特定产业领域或特定商事事项作为其主营事项进行经营、从事以营利为目的的营业活动而不受国家法律不合理限制和其他主体干预的权利。比如在美国，人人都有在闹市摆摊求生存的权利。

另一方面，营业权作为公民享有的基本民事权利之一，其行使不得损害公序良俗。小商贩的营业领域不过是日常生活、消费用品，规模也仅限于满足个人、家庭生活所需，多数不会危害公序良俗。对于这类营业，只要其经营主体不存在损害社会公平的现象，准许自由从事小规模营业活动不仅是对民事主体营业权的肯定，也有助于解决社会问题。

（三）实行灵活管理，减少行政干预

一是豁免注册登记。多数国家和地区都通过列举等方式将小商人或小商贩排除在商事登记之外，明确小商人不适用有关商业登记、商号及商业账簿的规定。在美国，任何人都可以根据自己的意愿从事营业活动并获取利益，政府部门无须也没有必要进行确认或限制。根据现行《德国商法典》规定，小规模经营者可以通过在商事登记簿上登记而取得商人资格，也可以通过注销登记而放弃商人资格，这种登记只是对营业资格的一种确认。

二是实行灵活管理。虽然多数国家和地区将小商人排除在商事登记制度之外，但不意味着其经营行为不受约束，而是实行灵活管理。其一，通过税收征收管理。很多国家政府把流动商贩视作纳税人，按时缴纳税款既是流动商贩的义务，也是政府对其进行管理的方法之一，商贩一般进行税务登记后就可营业。其二，通过发放牌照管理。新加坡政府在1968年对街头小贩进行登记，

并从1971年起开始向小贩发放执照，实行牌照管理。在法国，流动商贩在向政府提出申请，经过一定审核后可领到特定的早市执照，从而有资格在固定摊位上营业，且申请牌证的手续并不烦琐。其三，实行分类管理。国外的流动摊贩一般实行分类管理，一类是一般商贩，另一类是食品摊贩。食品摊贩要有卫生许可证和健康证明，监管也会更严格。

三是坚持温和执法。国外普遍尊重或同情街头小贩，一般不会采取强制执法。美国没有城管，警察一般采取无肢体接触驱逐法，只是要求小贩离开，不会没收小贩的货物和工具。对情节严重的小贩，警察也会开罚单，但罚款额度由法官裁定。在澳大利亚和新西兰，对于商贩的日常营业，市政部门不主动监管，除非接到消费者投诉才出面进行调查和处理。

（四）优化营业环境，提供必要培训

一是组织临时市场。国外一些市政部门组织临时市场以满足市民的生活需求。美国一些城市组织定期或不定期的街头集市或跳蚤市场，专供小摊贩们摆摊。法国巴黎街头的“早市”，周围会有警察或保安执勤，还会有环卫工人打扫。英国的“跳蚤”市场一般在周末营业，商贩在事先指定的街道或空旷草地上摆设摊位。瑞士政府也会组织露天临时市场，如农贸市场、节日市场等。

二是组织专项培训。国外对于食品摊贩大多会进行资格审查，限定摆摊的时间和区域，还要就卫生、环境、交通条例、操作规范等进行培训。新加坡定期组织培训课程，要求所有摊贩必须接受食品卫生教育，包括个人卫生、食品营养学等课程，每年对所有食品摊贩的清洁管理、食品卫生、个人卫生等按等级优、

良、中、差等4级进行评估，对违法行为进行记分、暂时吊销营业证照、永久吊销营业证照等处罚。

（五）实施紧急援助，抵御疫情冲击

新冠肺炎疫情暴发以来，为应对疫情对全球经济的潜在而深远的影响，各国纷纷采取了超大力度的经济刺激政策来保护各类市场主体。美国出台史上最大规模的经济刺激方案，主要包括向个人提供一次性退税2500亿美元，提供2500亿美元失业救助金；向最弱势群体提供240亿美元食品安全（券）；向小企业管理局提供3590亿美元的可免除贷款和担保，通过“薪资保护计划”（PPP）帮助小企业留住工人。德国政府发放2.55亿欧元的“短期工作”补贴，向受疫情影响严重的小微企业主、自雇人士提供500亿欧元的小企业补助。英国政府推出力度空前的财政政策包，支持弱势群体近70亿英镑，在3个月内支付自我雇佣者、企业雇员收入的80%（每月最多2500英镑）。总的来看，各国均出台了大量“纾困”政策，以力保家庭和个人的基本生计不受影响。

二、启示与经验借鉴

通过对国际上类似个体工商户的小商人制度的比较分析，可得出如下几个趋势性规律。

一是从现实需要出发，突出保护小规模经营者的导向，体现了法制对市场主体的保障作用。

二是不断弱化商事登记等管理要求，普遍承认其营业权，尽力节省小商人的经营成本，充分保障其营业自由和营利空间。

三是尽量减少政府对谋生型小工商业者的干预，同时持续优化营业环境，通过直达个人的紧急救助政策应对疫情等冲击影响，确保家庭和个人的基本生计不受影响。

借鉴国际制度经验，结合我国国情，对我国完善相关制度建设和扶持政策提出如下建议。

（一）降低制度门槛，减少行政干预

探索豁免登记。个体工商户和小商人的经营特点是本小利薄、对成本敏感，即便立法允许城市流动商贩进行商事登记，因登记成本较高，流动摊贩宁愿选择非法经营而不愿选择登记以取得执照。建议借鉴典型的大陆法系国家和地区比如德国、日本等的做法，只要具备完备的民事行为能力或商事行为能力即可以进行商业活动，明确规定小商人免予工商登记。

加强事中事后监管。改革以审批发证为主要内容的传统管理体制，最大限度减少审批，把更多行政资源从事前审批转到加强事中事后监管上来。加快社会信用体系建设，运用区块链、大数据等新技术提升智慧监管水平。对直接涉及公共安全和人民群众生命健康等特殊重点领域实行严格监管，严守质量和安全底线。开放市场监管投诉执法渠道，确保群众诉求表达、利益保护、风险预警等渠道畅通。

（二）优化市场监管，加快职能转变

明确权责边界。设定基层执法权力清单，根据各地特色适用符合本地实际的城市管理标准，推进各级政府事权规范化、法律化，强化对行政权力的制约和监督。严格落实“谁审批谁监管、谁主管谁监管”的要求，用制度避免人情监管、选择执法、执法不公，摒弃随意检查、重复检查。

实行灵活管理。豁免登记制度仅在于免除小规模经营者的登记义务，对于经营活动本身的管理并不在免除范围之内。对从事个体经营的公民进行备案，作用在于统计数据、方便宏观调控和政策扶持，不收取任何费用，备案材料对外公示，接受社会和消费者监督。

优化执法方式。执法重点不是针对流动商贩本身，而是打击流动商贩的不诚信和非法行为。对于社会危害小的流动商贩，应以劝说、教育为主；不听劝阻的流动商贩，多次警告无效时，根据情节处以罚款，罚款额度按有关法律标准裁定。罚款划归财政，不由城管部门支配或提取。城管执法人员不能和摊犯发生肢体接触，不能随意收缴摊贩的货物和工具。

（三）强化政策扶持，科学精准保障

明确定位，堵上现有制度漏洞。目前我国个体工商户规模标准缺失，个体工商户群体内部分化较大，有的个体大户已达到中小型企业规模，却还在享受个体工商户的优惠政策，导致不公平竞争。建议明确个体工商户解决就业和基本生计的角色定位，加快建立个体工商户规模标准，超出范围的直接划归到小型、中型甚至大型企业等与其规模相适应的企业类型之中，实行更现代的公司企业监管制度。

科学施策，提高扶持政策的精准度。建立健全个体工商户参与惠企政策制定工作机制，邀请个体工商户代表参加制定政策，让惠企政策更接地气，更具实操性。强化宣传传导，对清理、更

新、合并、废止的扶持政策，要定期更新发布，让各类扶持政策信息一目了然。定期举办免费培训班，宣传解读扶持政策。

抓好惠企政策兑现。梳理公布扶持政策清单，根据其所属行业、规模等主动精准推送政策。鼓励推行扶持政策“免申即享”，通过政府部门信息共享等方式，实现符合条件的个体工商户免予申报、直接享受政策。对确需个体工商户提出申请的惠企政策，要合理设置并公开申请条件，简化申报手续，加快实现一次申报、全程网办、快速兑现。

参考文献

蔡科云, 宋雨琪. 论我国小商贩营商资格登记之分层[J]. 河南财经政法大学学报, 2020(5).

国家工商总局赴澳大利亚、新西兰考察团. 关于澳大利亚、新西兰商事登记和个体商贩登记管理的考察报告[J].中国工商管理研究, 2003(4).

黄波, 魏伟. 个体工商户制度的存与废:国际经验启示与政策选择[J].改革, 2014(4).

李建伟. 从小商贩的合法化途径看我国商个人体系的建构[J].中国政法大学学报, 2009(6).

李琼. 灵活商事登记,为小贩寻找生存空间[J].现代经济信息, 2009(21).

王妍. 小商人豁免登记及其法理基础——为小商人无照经营提供的辩护[J].学习与探索, 2010(5).

张辉. 流动商贩的管理：保障经营权利与提升城市治理[J].中国纤检, 2021(2).

周语嫣, 顾雅怡澜, 徐逸清, 莫笛. 德国流动商贩管理及启示[J].上海商业, 2021(5).

第三篇

高效率要素配置

第六章　我国要素市场发展现状、问题及对策

内容提要： 近年来，我国要素市场建设取得重要进展，市场配置要素资源的能力明显增强，数据等新型生产要素迎来发展机遇。但也要看到，我国要素市场建设离统一开放、竞争有序的建设目标还有一定差距。主要表现在，劳动力市场的多维分割破坏了市场统一性，技术市场的封闭运行阻碍了市场开放性，土地市场的行政干预抑制了市场竞争性，数据市场的制度缺陷损害了市场有序性。面对经济社会发展的必然要求、要素市场完善的内在需要，以及内外形势的新任务新变化，为确保实现统一开放、竞争有序的要素市场，建议放权搞活土地大市场，流动畅通人力资源大市场，开放融通科技大市场，创新发展数据大市场。

完善和发展要素市场是建设统一开放、竞争有序市场体系的内在要求，是坚持和完善社会主义基本经济制度、加快完善社会主义市场经济体制的重要内容。改革开放以来，我国要素市场随着整个经济市场化改革的不断深化从无到有，形成了制度不断完善、结构趋于完整、功能比较健全的要素市场体系，但是仍存在

不少发展障碍。本章梳理了近年来我国要素市场改革发展取得的成效，并对照统一开放、竞争有序的现代市场体系的建设目标，阐述了当前我国要素市场建设中存在的主要问题，最后给出我国要素市场改革和发展的对策建议。

一、我国要素市场建设取得重要进展

（一）顶层设计不断完善

随着计划经济转向社会主义市场经济体制建设，我国要素市场体系不断建立、发展和完善。这种改革逻辑从党的历次全国代表大会报告中可以找到清晰的脉络体现。

一是对要素市场的认识不断深化。党的十三大最早提出，社会主义的市场体系，不仅包括消费品和生产资料等商品市场，而且应当包括资金、劳务、技术、信息和房地产等生产要素市场。党的十五大强调要着重发展资本、劳动力、技术等生产要素市场。党的十六大提出推进资本市场的改革开放和稳定发展，发展产权、土地、劳动力和技术等市场。随着数字经济的快速发展，数据作为新型生产要素，也被写入中央的重要政策文件，成为最具时代特征新生产要素的重要变化。

二是对要素市场建设的工作部署更加系统全面。主要包括打破行业垄断和地区封锁、促进生产要素的流动与重新组合（党的十三大、党的十六大提出），保证各种所有制经济依法平等使用生产要素、公平参与市场竞争、同等受到法律保护（党的十六大、党的十八大提出），以及完善要素价格形成机制（党的十五大、党的十七大、党的十八大、党的十九大提出）。2020年4月，中共中央、国务院发布第一份关于要素市场化配置的文件——《关于构建更加完善的要素市场化配置体制机制的意见》（简称《意见》），至此，要素市场化配置迎来重大突破，标志着我国要素市场建设进入新阶段。

（二）改革实践取得积极进展

改革开放以来，我国要素市场建设和改革也取得重要进展，土地、劳动力、技术等市场从无到有，从小到大，市场配置要素资源的能力明显增强。

土地要素方面，以放权为特征的改革试点推动城乡二元土地制度发生重要变化。农村土地的权属关系由模糊走向明晰，农村土地中的农用地朝着由集体所有权、承包经营权“两权分离”向集体所有权、承包权、经营权“三权分置”演化，土地经营权突破地域范围和身份限制流转；宅基地开启有偿使用和抵押转让的小范围试点；集体经营性建设用地开启直接入市转让的试点；政府征地在试点地区开展缩小征地范围、提高征地标准、完善多元补偿安置方式上的调整。

劳动力要素方面，户籍制度稳步放开推动劳动力市场城乡二元性加快转变。户籍制度与就业、就医、上学、养老等福利制度紧密关联，改革难度很大，导致劳动力市场存在城乡分割、区域分割、行业分割，阻碍了我国统一劳动力市场的形成和良性运转。近年来我国不断加大户籍改革的力度，逐步取消落户城市的制度障碍，在政策层面为农民工融入城市“赋权”，因户籍等制度性因素使得农村劳动力不能融入城镇的状况正逐步消解，统一的劳动力市场加快建立。

资本要素方面，加快建设结构合理、功能完善、规范透明、稳健高效、开放包容的多层次资本市场体系。改革开放之初，为适应经济发展需要的同时保持经济稳定，资本市场长期实行“双轨制”，包括汇率双轨制、利率双轨制、股权分置导致的同股不同权等现象。这是立足现实国情下的改革创新，符合社会主义市场经济条件下资本市场发展的客观需要。随着资本市场走向成熟，双轨制逐渐并轨，并形成单一的市场价格，资产价格也逐步趋向市场化，并成为调节市场供求、引导资源配置的重要力量。

技术要素方面，创新激励和成果转化政策加速落地推动技术市场蓬勃发展。改革开放以来，我国技术市场体系日趋完善，技术交易规模逐年扩大，交易质量不断提高，制度环境不断优化。通过出台《促进科技成果转化法》（2015年）、《实施〈促进科技成果转化法〉若干规定》（2016年）、《促进科技成果转移转化行动方案》（2016年），以及一系列配套政策文件，形成从修订法律、制定配套政策，到部署具体行动的促进科技成果转化“三部曲”，极大激发了全社会转化科技成果的积极性，在健全市场导向机制、促进科技–经济融通发展等方面取得重要成效。

数据要素方面，数据纳入新型生产要素推动数据市场迈向规范发展的快车道。随着大数据和人工智能等技术不断发展，数据相应成为重要的生产要素与核心资源。数据作为一种新型生产要素写入《意见》，意味着其与土地等传统要素拥有了相同的地位和角色，有助于通过发展数据要素市场，充分发挥数据要素对其他要素效率的倍增作用，为推动经济高质量发展提供新动能。

二、当前我国要素市场建设仍存在障碍

伴随经济社会的快速发展，国内外形势发生新变化，市场体系建设呈现出了一些与新时期经济社会高质量发展以及高标准体系建设不相适应的地方，与人民群众对改革发展稳定的新期待还存在一定差距，成为新时期我国市场体系建设的突出短板和挖潜方向。突出表现在以下几个方面。

（一）多维分割破坏市场统一性

劳动力市场受较多隐形制度制约，市场分割问题突出。目前以户籍制度为主要手段的人口管理模式、主要面向户籍人口的地方基本公共服务供给方式，以及统筹层次较低、异地衔接不畅的社会保障体系，与劳动力市场化流动的趋势与要求不相适应，成为阻碍各层次劳动力自由流动、有效配置的主要障碍。

一是城乡差异仍持续存在。尽管近年来在放宽落户条件等方面出台了系列举措，但这些任务有效落实到地方不仅需要时间，而且面临不少障碍。作为户籍改革和资源调配的实际执行者，地方政府在经济增长竞争、人力资源竞争以及财政负担压力等诸因素下，纷纷创设功利性的政策，为投资者、购房者、高端人才、紧缺劳动力等不同人群提供差别化待遇，创造出不同维度的市场分割。

二是城市之间差异更加凸显。我国地域间的差距逐渐由城乡之间的差距演化为不同城市间的差距。面对户籍的全面放宽甚至

放开，一部分就业、公共服务等福利基本上已经与户口相脱离，城乡之间的户籍福利差距已逐渐缩小，但不同城市的户籍和非户籍福利差距拉大。一些中小城市虽然放开了落户政策，但是户籍福利与农村的差异不大，大城市因为户籍福利较多，落户大城市意愿较强，难度也更大。

（二）封闭运行阻碍市场开放性

随着科学技术的飞速发展，企业竞争范式从早期的企业个体间竞争转向了企业所嵌入的价值链间的竞争，使得创新范式从独立创新转变为协同创新，创新活动呈现出系统化、网络化和日益开放的趋势。技术市场由于市场功能发育迟缓，我国技术要素市场整体上还处于以封闭创新和低效对接为特征的发展阶段，难以适应创新时代的新要求。

一是供给与需求之间对接低效。近年来，随着科技成果的爆炸式增长，技术市场效率低下的问题更加凸显。高校等科研机构作为创新的起点和源头，长期形成的过度依赖政府经费的科研活动导向并未实质性转变，企业技术设备依赖进口的倾向加剧了其与国内技术供给方的长期绝缘，导致技术市场的功能发展滞后，未能起到联结技术供需双方的桥梁作用。

二是创新供给内部孤立封闭。由于激励机制不健全，科技主体多以“单打独斗”的方式追求渐进式创新，逐渐形成以“小而散”的研发体系来完成“短频快”的研发任务的创新格局，科技力量分散且封闭，孤岛现象泛滥，缺乏统筹协同，阻碍技术市场的开放融合与循环畅通。

（三）行政干预抑制市场竞争性

一是城乡统一的建设用地市场不够健全。目前我国城乡土地二元制度向城乡统一的土地制度变迁只是在小范围内的试点地区取得了一些明显突破，整体区域覆盖范围不大，城乡二元土地制度在大部分地方仍然继续存在。包括土地经营权流转仍受到所有权和承包权的制约，农户承包经营权的自由有偿退出机制基本没有建立，宅基地制度“集体所有、农户长期无偿使用、不能转让、不能抵押”的格局基本没有改变，集体经营性建设用地直接入市转让的覆盖范围还很小，政府垄断土地征收一级市场的格局基本没有改变。国有土地和集体土地同地不同权、属性转换困难等缘故，抑制了土地市场竞争性。

二是行政干预过多导致土地利用效率低下。目前土地在农业、工商业、住宅间的配置主要通过地方政府而非由市场完成，其市场化程度相对滞后，且农村土地长期被排斥在土地市场之外。政府通过控制对农村土地的征用权和城市土地的分配权，决定土地使用的时机、用途、使用者、价格、期限和范围等一系列问题。政府通过低价征地吸引外部投资、通过高价卖地增加财政收入的行为，不仅助长企业的粗放扩张行为、有损农民要素权益、加剧城乡发展差距，还加剧了地方政府对土地财政的依赖和扭曲土地市场的动力。

（四）制度缺陷有损市场有序性

数据是一种在互联网时代涌现的新型生产要素，在产权界定、配置模式、定价方法等方面都存在诸多有待探索的议题。因重要基本规则制度的缺失，我国数据要素市场整体上还处于以无序发展为特征的起步阶段，重要数据被控制在少数企业或其他市场主体手中，并存在被不合理分配与使用，以致影响市场公平竞争和统一市场建设的倾向。突出表现在科技巨头对用户数据缺乏必要的安全和隐私保护，利用大数据技术精准实施投放广告或差别待遇等滥用用户数据行为，以及拒绝竞争对手获取数据资源、对竞争对手实施掠夺行为等滥用市场支配地位行为，带来了严重的经济社会问题，有损数据市场的规范有序健康发展。

三、我国要素市场发展面临的挑战

（一）地方行政干预短期难以消除

一是出于增收动机，地方政府倾向于垄断土地供应和扭曲定价。地方政府对“土地财政”的过度依赖，导致控制或限制土地供应，抬高价格。实质上推高了住房价格，也导致了房地产市场的过度膨胀和长效机制的难以形成。地方政府还采用以廉价提供甚至免费提供工业用地等扭曲要素价格的方式进行招商引资，使得企业投资决策时低估土地成本，助长工业用地的浪费或闲置现象，导致土地利用效率低下。

二是面临支出压力，地方政府倾向于在公共服务等方面实行户籍歧视，影响了劳动力自由流动。地方政府在提供公共服务方面面临较大的财政支出压力，尤其是人口流入量较大的地区，无法给所有居民提供足够的公共服务，倾向于采取与户籍绑定的教育、医疗、养老等公共服务供给机制，使得存在户籍歧视，从而形成人才流动障碍等有损于统一市场建设的行为。

三是由于能力局限，地方政府引导创新过程中偏离市场需求。根据《中国科技统计年鉴（2019）》数据显示，我国高等学校科研经费中，政府资金占比达到66.7%，企业资金占比为26.6%；研究与开发机构的政府资金占比更是达到84.9%，而企业资金占比仅为3.8%。这种以政府项目为导向的科研体制，导致中国当前众多科研机构的应用开发研究活动，并不是基于以制造业为主的实体经济部门的现实市场需求作为出发点，而是依据政府的产业发展规划或创新追赶发展规划的设定目标和产业选择发展目标。政府产业政策和创新选择能力的局限性以及创新自身所具有的高度不确定性，很大程度上导致众多政府性质科研机构的科研内容严重脱离市场需求。

（二）市场基础制度建设任重道远

一是数据市场的基础性制度亟须加快完善。基础性制度是数据市场规范发展的前提和保障，由于法律、规则和政策规范等方面的缺失或不完善以及认知分歧等因素影响，我国数据产权、交易、利用、报酬、监管等层面的制度还不健全，法律对数据要素所有权及相应的使用权和收益权均没有明确的界定，数据要素的流转机制不健全，导致在数据协同、资源整合、高效使用等方面仍存在较多不足，阻碍了数据要素市场的进一步发育，既不利于要素市场的拓展与发展，也不利于市场秩序的改进和完善。

二是知识产权保护力度不足制约着技术信息披露与竞争性交易达成。知识产权是无形财产，其价值往往不依附于特定的具象化的实物，而重在载体内蕴含的专业知识技能。其无形特征使得侵权方式更多样，也对产权保护提出了更高的要求。同时，技术交易往往要求事前披露一定的信息，但知识产权保护不到位使得信息泄露风险较高，导致科技成果公开交易的意愿不高，而更多是选择私下磋商、地下转化。技术交易不在技术市场进行，则市场通过价格机制进行科技资源配置的功能即无从谈起。

三是责权利不匹配制约技术市场发展和潜力释放。根据《中华人民共和国专利法》第六条规定，高校科技成果主要为职务发明成果，其所有权属于高校。因高校多具有事业单位性质，其职务发明成果从而具有国有资产的性质。对于高校负责人而言，成果转化成功后一般不具有获取转化收益的权利，却要承担可能的“国有资产流失”的追责问题，因而导致其积极推动科技成果转化的动力不强。对于科研人员而言，虽具有科技成果转移转化和进一步应用开发所必需的知识基础和专业技能，但成果转化需要投入较多成本，且往往具有较高的商业风险，一旦失败则自行承担风险和沉没成本。即使转化成功，也不享有成果所有权且难以获取成果转化的奖励，总之，其转化收益的不确定性和不可预期性较高。显然，责权利不匹配严重制约了各方推动科技成果转化的积极性。

四、要素市场配置扭曲的创新效率损失测算

改革开放以来，尽管我国市场化改革不断推进，但要素市场的市场化进程一直滞后于产品市场。在土地、资本、劳动力、能源等要素市场领域，“以增长为竞争”的地方政府出于对保障本地经济

发展、稳定经济增长等目的，普遍存在通过价格管制和市场分割等行政手段，使要素价格长期处于扭曲状态，以要素市场扭曲为代价来推动经济短期增长的动机。参照相关文献，结合数据可得性，这里对资本和劳动力两个要素的市场扭曲情况进行定量测算。

（一）测算原理与方法

要素市场扭曲是指由于市场不完善导致的生产要素资源，在国民经济中的非最有效配置，或者说是要素市场价格与机会成本的偏差或背离。Magee（1971）研究发现，要素市场扭曲具有要素流动障碍（factor immobility）、要素价格刚性（factor price rigidity）以及要素价格差别化（factor price differentials）这三种主要表现形式。

要素市场扭曲不仅包括价格扭曲，还包括要素市场分割。要素市场扭曲又可以分为正向扭曲和负向扭曲。其中，要素市场的正向扭曲是指要素价格大于或超过其机会成本或边际产出所决定的均衡价格，负向扭曲是指要素价格低于其机会成本或边际产出所决定的均衡价格。

现有文献中对于要素市场扭曲程度的测算，主要包括直接和间接两类指标。一类是根据要素市场扭曲的定义，估计生产函数后再计算要素边际产出与要素价格的比值以刻画市场扭曲程度。另一类是基于我国要素市场的市场化进程滞后于产品市场这一典型事实，依据樊纲等人的《中国市场化进程指数报告》中的市场化进程指数，构建产品市场和要素市场的市场化指数的差距比值。这一间接指标主要捕捉要素市场的市场化进程相对于产品市场的滞后程度，但忽略了一个事实，即要素市场发育程度低的地区，其产品市场和要素市场的发育程度都较低，这样会抹平地区间的相对扭曲程度，因此本报告采用直接测算法。

在生产函数的选取上，常用的有C-D生产函数和超越对数生产函数。超越对数生产函数比C-D函数在模型设定上具有更大的灵活性，放松了规模报酬不变和技术中性的假定，允许劳动力和资本非充分利用的情况，在一定程度上提高了模型估计的准确性和有效性。因此，本书采用超越对数生产函数对我国省际生产函数进行估计，并据此计算得到资本和劳动力要素市场扭曲程度的测量。

当考虑资本（K）、劳动力（L）两个要素时，超越对数生产函数可以表示为：

$$lnY_{it} = \beta_0 + \sum_{j=1}^{2}\beta_j lnX_{itj} + \frac{1}{2}\sum_{j=1}^{2}\sum_{k=1}^{2}\beta_{jk} lnX_{itj} lnX_{itk} + \varepsilon_{it} \tag{1}$$

式中，lnY_{it}是第i个省份第t年的对数产出；lnX_{itj}是第第i个省份第第tj种要素投入的对数形式。根据生产函数，可以求得各个要素的产出弹性为：

$$\alpha_{itj} = \frac{\partial \ln Y_{it}}{\partial lnX_{itj}} = \frac{\partial Y_{it}}{\partial X_{itj}}\frac{X_{itj}}{Y_{it}} = \beta_j + \sum_{k=1}^{2}\beta_{jk} lnX_{itk} \quad j = 1，2 \tag{2}$$

进一步，可以得到要素的边际产出为：

$$MP_{itj} = \frac{\partial Y_{it}}{\partial X_{itj}} = \alpha_{itj} \times \frac{Y_{it}}{X_{itj}} = \left(\beta_j + \sum_{k=1}^{2}\beta_{jk} lnX_{itk}\right) \times \frac{Y_{it}}{X_{itj}} \quad j = 1，2 \tag{3}$$

根据要素扭曲的定义，资本要素和劳动力要素的扭曲水平可表示为资本和劳动力的边际产出与二者实际价格（利率水平和工资水平）之比，即：

$$Dist\_K_{it} = \frac{MP_{itk}}{r_{it}}, \quad Dist\_L_{it} = \frac{MP_{itl}}{w_{it}} \tag{4}$$

根据定义，（4）式中的Dist_K和Dist_L即分别刻画了资本要素市场和劳动力要素市场的扭曲程度。

（二）变量选取与数据处理

在以公式（1）、公式（4）测算要素市场扭曲时，需综合考虑数据统计口径的一致性以及数据的可得性，选取2009—2017年我国除港澳台外的31个省份的经济数据进行分析。变量选取与数据来源如下：

产出数据（Y）。根据惯例，产出选择地区生产总值，并以2008年为基期，经GDP平减指数调整得到。数据来源于各年度的《中国统计年鉴》。

资本投入数据（K）。地区资本存量，采用固定资产投资价格指数折算为以2008年为基期的不变价，并运用永续盘存法对其进行存量化处理，参考张军等人（2004）的研究，资本折旧率选定为9.6%。基期的资本存量参考经验做法，用基年固定资产投资总额除以10%计算得到。数据来自各年度的《中国统计年鉴》。

劳动力投入数据（L）。选用各地区年末城镇单位就业总人数，数据来自各年度的《中国统计年鉴》。

资本的实际价格（r）。考虑到我国金融机构贷款利率存在动态调整，选取一年期内金融机构贷款利率的平均值作为利率水平的衡量指标。数据来自《中国第三产业统计年鉴（2018）》。

劳动力价格（w）。选取各地区城镇单位就业人员平均工资表征。数据来自各年度的《中国统计年鉴》。

（三）结果分析

根据科技创新技术效率的测度模型，运用Frontier 4.1软件进行回归分析。

在利用超越对数生产函数得到相关回归系数的基础上，对我国资本要素市场和劳动力要素市场的扭曲程度进行测度。图6-1给出了2009—2017年全国层面两种要素市场扭曲水平的平均值。

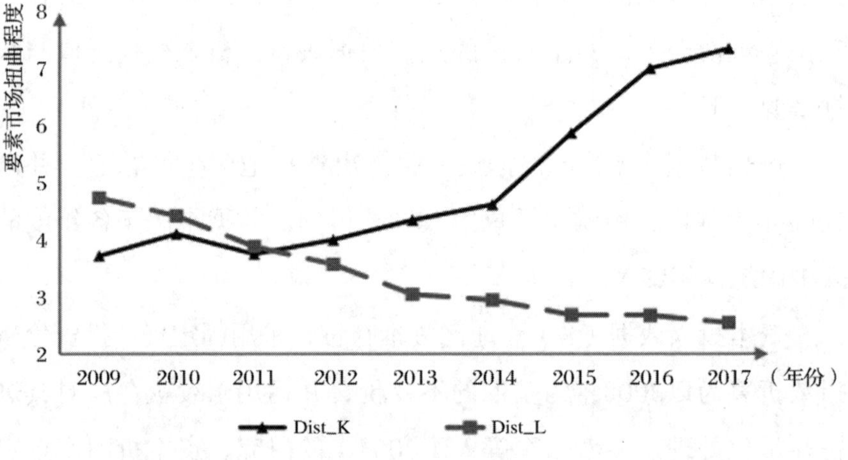

图6-1　资本和劳动力市场扭曲程度的变化趋势

资料来源：根据计算结果绘制。

由图6-1可知，从全国层面来看，资本要素市场和劳动力要素市场均呈现扭曲态势，并且资本要素市场的扭曲程度显著高于劳动力要素市场，这与王宁和史晋川（2015）的研究结果一致。在样本考察期内，资本要素市场扭曲水平为4.982，说明资本要素边际产出高于利率水平，即资本要素市场存在反向扭曲；劳动力要素市场扭曲水平为3.396，表明劳动力要素边际产出高于实际工资水平，劳动力要素市场也存在反向扭曲。

除纵向比较外，横向的地区间要素市场扭曲程度也呈现显著特征。表6-1给出了2009—2017年各地区资本要素和劳动力要素市场扭曲的平均值。

表6-1 2009—2017年各地区资本要素市场和劳动力要素市场扭曲平均值

地区	Dist_K	Dist_L	地区	Dist_K	Dist_L
北京	5.44	1.35	广东	9.55	1.41
天津	5.45	3.89	广西	4.61	4.09
河北	6.30	3.27	海南	2.06	6.11
山西	4.25	3.19	重庆	4.76	3.68
内蒙古	5.25	4.89	四川	6.13	2.61
辽宁	5.30	2.60	贵州	3.34	3.69
吉林	3.96	4.03	云南	4.02	3.50
黑龙江	4.98	3.96	西藏	0.76	5.06
上海	6.76	2.04	陕西	4.51	3.03
江苏	8.22	1.41	甘肃	2.98	4.23
浙江	7.06	1.68	青海	1.73	5.98
安徽	5.53	3.66	宁夏	1.97	5.84
福建	5.59	2.77	新疆	3.32	3.22
江西	4.99	4.33			
山东	8.14	1.47	全国	4.98	3.40
河南	5.66	1.84	东部	6.35	2.55
湖北	5.77	2.94	中部	5.15	3.43
湖南	6.04	3.51	西部	3.64	4.24

资料来源：根据计算结果绘制。

从分地区研究结果来看，资本要素市场扭曲水平从东部向西部呈现递减趋势，而劳动力要素市场扭曲程度则从东部向西部呈递增趋势，这与地区要素驱动的现实状况基本相符。资本要素市场扭曲程度最高的前3个省份分别为广东、江苏和山东，表明这些地区的资本市场受到较为严重的外在干预，尤其是政府部门的过度干预使得资本的边际产出远高于实际所得。

五、加快完善要素市场建设的对策建议

我国经济正由要素粗放型发展模式，全面转向要素集约型和创新驱动型的新发展模式，必须创新和完善要素市场建设，加快完善要素市场基础性制度建设，创新资源配置方式，减少政府对要素市场的不当干预，扫除制度性障碍，充分发挥和利用市场配置资源的决定性作用，提高要素质量和配置效率，引导各类要素协同向先进生产力集聚，为推动经济高质量发展释放潜能。

（一）放权搞活土地大市场

一是深化土地权属制度改革。清晰界定农村土地的所有权、承包权和经营权归属、权能及时限，继续保持土地承包关系长久稳定，为有序流转和规模化经营创造条件。完善承包地“三权”分置制度，建立公平合理的建设用地入市增值收益分配制度，确保农民土地合理权益。

二是加快建成城乡统一的建设用地市场。农村集体经营性建设用地通过出让、租赁、入股等方式入市交易常态化，实现与国有土地同等入市、同权同价。明确农民宅基地财产权，参照城市

住宅交易规则，允许其抵押、有偿流转和退出。

三是增强土地资源的市场化配置。完善土地流转市场与交易平台，减少划拨土地范围，扩大市场配置土地范围，切实将土地配置给拥有先进生产力的产业和主体，使土地配置效率在竞争性交易和使用中得到优化提升，真正体现土地的资产价值。

（二）流动畅通人力资源大市场

一是深化户籍制度改革。除极少数超大城市、中心城区以外，其他城市户籍全面放开，实现户籍、居住证、身份证三证合一。实行城市群内户口通迁、居住证互认制度，促进人才、人口向重点城市群集聚。

二是创新人才流动机制。全面落实人才横向和纵向流动性，破除人才流动障碍，打破户籍、身份、学历、人事关系等制约，促进人才资源合理流动、有效配置。确立国有企事业单位市场化选人用人考核制度，健全反映劳动力供求关系，以及与经济发展、企业效益和物价水平挂钩的工资薪酬动态调整机制。

三是增强基本公共服务保障能力。自上而下通过激励约束和财政保障双管齐下，确保基本公共服务均等化目标的实现。积极推进地方政府之间的信息共享，改革完善基本养老、医疗、公积金等转移接续机制和程序手续，解除高端人才和劳动力跨区流动的后顾之忧。

（三）开放融通科技大市场

一是推进产学研主体深度融合。进一步破除束缚技术供给的体制机制障碍，全面确立以企业为创新主体、以科研人员为转化主力的科技市场化体制，强化企业的创新主体地位。改革政府资助机制，鼓励高校等创新主体与企业等市场主体对接，从创新源头推进以市场为导向的产学研深度融合。

二是建设全国性科技大市场。完善专利技术和知识产权鉴定、评估、定价与交易机制，促进更多专利技术和知识产权入市交易。推动科技中介服务相关机构成长和能力提升，充分发挥其沟通科技供需双方的桥梁作用，打造符合国际惯例的科技市场促进体系，健全推动科技成果高效转移的优质服务网络，增进资质互认、成果对接和资源共享。

三是完善政策法规体系。破除科技转化奖励机制存在的审核审批、利益分割等障碍，合理免除成果转化单位的保值增值责任和国资流失责任。提高知识产权审查的质量和审查效率，从源头上保护好知识产权，加大侵权行为的处罚力度。

（四）创新发展数据大市场

一是加快完善基础制度。以明确数据产权和优化价值评估为重点完善基础制度，形成一整套完善的数据产权认定、转让、使用、保护等规则，建立权威性的数据资产价值评估参考标准，推动制度规则的国际对接。建立统一规范的数据管理制度，完善大数据流通交易规则，提高数据治理的规范性。

二是挖掘提升潜在价值。探索建立统一的数据标准规范，支持构建多领域数据开发利用场景，全面提升数据要素价值。加强数据资源整合和安全保护，提升数据资源价值。平衡好合规需求和创新空间，鼓励市场主体在一定条件下进行各种有益的创新和探索，最大限度发挥数据要素的潜在价值。

三是推动数据市场融通发展。充分发挥专业优势和企业主体作用，助力打通地区间数据壁垒，突破数据碎片化导致的数据应用瓶颈，推动数据资源的规模化应用。探索建立数据银行、开展数据资产证券化业务等数据资产管理和融通新模式，探索运用区块链等新技术手段来建设数据资产流通管理和运营平台，有效释放数据红利，促进数据要素市场发展。

参考文献

白俊红，卞元超. 要素市场扭曲与中国创新生产的效率损失[J]. 中国工业经济, 2016(11).

戴魁早. 要素市场扭曲对产业技术创新的影响及其机制[M]. 北京：中国社会科学出版社，2018.

国家发展改革委宏观经济研究院市场与价格研究所. 市场决定的伟大历程：中国社会主义市场经济的执着探索与锐意创新[M]. 北京:人民出版社, 2018.

洪银兴. 实现要素市场化配置的改革[J]. 经济学家, 2020(2).

刘泉红. “十四五”时期我国现代市场体系建设思路和关键举措[J]. 经济纵横, 2020(5).

刘翔峰, 刘强. 要素市场化配置改革研究[J]. 宏观经济研究 2019(12).

刘志成. 要素市场化配置的主要障碍与改革对策[J]. 经济纵横, 2019(3).

王宁, 史晋川. 中国要素价格扭曲程度的测度[J]. 数量经济技术经济研究, 2015(9).

张贵, 王岩. 要素扭曲、技术研发与效率损失——中国高技术产业实证研究[J]. 科技进步与对策, 2019(1).

张军, 吴桂英, 张吉鹏. 中国省际物质资本存量估算:1952—2000[J]. 经济研究, 2004(10).

张克俊, 唐新. 我国城乡要素市场的二元性再分析与统一建设取向[J]. 中州学刊, 2019(11).

Magee S P. Factor market distortions, production, distribution, and the pure theory of international trade[J]. The Quarterly Journal of Economics, 1971.

第七章　加快建设高标准技术要素市场

内容提要：当前我国技术市场蓬勃发展，市场规模体量不断壮大，但市场决定创新资源配置的机制不够健全，创新活力和创造潜能有待进一步释放，难以满足支撑高水平自立自强、服务高质量发展的建设需要。建议围绕提升科技创新供给质量和创新效率的总要求，深化技术要素市场化改革，加快推进以高质量技术供给、高效率市场配置、高水平制度保障、高素质人才队伍为主要特征的高标准技术市场建设，充分释放全社会创新活力与潜能。

技术市场是将技术成果作为商品进行交易，使之变为直接生产力的交换关系的总和，包括从技术商品的开发到应用和流通的全过程，涉及与技术开发、技术转让、技术咨询、技术服务相关的技术交易活动及各相关主体之间的关系。高标准技术市场是高标准市场体系的重要组成部分，是发挥市场配置资源的决定性作用，推动科技成果向现实生产力转化，支撑实现高水平科技自立自强的重要手段。

一、改革开放以来我国技术市场发展的历史脉络

我国技术市场发展是与科技体制改革一体化推进的。改革开放以来，随着我国经济体制改革的启动和不断深化，科技体制的结构性缺陷逐渐暴露出来，主要表现在：科技与生产、与教育脱节，缺乏科技成果有偿转让的机制；科技管理部门条块分割，缺乏协调等。我国开始了技术市场改革发展的艰难探索。

（一）起步萌芽阶段（1978—1991年）

思想解放推动科学技术走向商品化。一是肯定技术的商品属性，开启有偿转让。1978年全国科技大会上，邓小平同志提出“科学技术是第一生产力”的观点，为技术商品化奠定了基础和前提条件。随着科研工作秩序开始恢复，国内一些城市如沈阳、武汉等地陆续出现技术商品有偿转让的活动。二是制定技术转让基本规则。1985年1月国务院颁布《关于技术转让的暂行规定》，明确把技术作为一种商品，并对技术商品的产权界定、技术转让价格、支付方式、转让形式、权益分配等方面进行制度安排，提出从科技成果转化的净收入中提取5%~10%对科技人员进行奖励，为技术商品化走向规范有序打下了制度基础。三是建立技术转让基本法律体系。此后，全国人大常委会先后颁布了《专利法》和《技术合同法》，国家科委陆续发布了《技术合同法实施条例》《技术合同认定登记管理办法》《技术合同认定规则》等文件，形成了由基本法律、行政法规、部门规章和地方性法规构成的比

较完备的法制体系，为技术市场规范有序发展奠定了制度基础。

（二）建规立制阶段（1992—2001年）

市场成为资源配置的基础性调节机制。一是逐步引入市场化机制。1993年首家国家级常设技术市场——上海技术交易所正式成立，开始发挥交易所市场价值发现功能。1994年，国家科委和国家体改委联合制定《适应社会主义市场经济发展，深化科技体制改革实施要点》，提出在稳定支持基础性研究和科技人才队伍建设的同时，放开放活面向经济建设和社会发展的研究、开发、创新机构，在科技成果商品化、产业化等活动中更多地引入市场机制。二是逐步确立转化细则。为促进科技成果转化为现实生产力，规范科技成果转化活动，1999年进一步出台了《关于促进科技成果转化的若干规定》，对科技成果协议转化等处置方式给予认可。三是更加重视科技人员。1996年出台《中华人民共和国促进科技成果转化法》，明确对科技人员给予不低于20%成果收入的奖励，并规定科技人员的报酬和奖励可以折算为股份和出资比例。提出"科教兴国"战略，把科技和教育摆在经济、社会发展的重要位置，增强国家的科技实力及向现实生产力转化的能力。

（三）蓬勃发展阶段（2002—2012年）

鼓励企业成为创新主体，加快推进自主创新。一是加大对企业家的激励。2006年，国务院发布《国家中长期科学和技术发展规划纲要（2006—2020年）》，确定了"自主创新，重点跨越，支撑发展，引领未来"的发展方略，明确要支持鼓励企业成为技术创新主体，激励企业走出一条从技术引进消化吸收到再创新的自主创新之路。二是加快推进自主创新。这一阶段尽管仍强调技术引进的必要性和重要性，但已清楚认识到，一些关键技术不可能依赖技术引进，而只能依靠自主创新。党的十七大报告进一步提出要提高自主创新能力，建设创新型国家，还特别强调了要建设形成高效通畅的技术转移机制，高效的科学知识传播机制，以完善科技创新体系。我国的科技水平从纯学术研究、技术引进过渡到以提高自主原始创新能力和加速科技成果转化为主的发展阶段。

（四）深化改革阶段（2013年至今）

推进产权赋权等重点领域改革。一是进一步强化顶层设计。党的十八届三中全会提出要“健全技术创新市场导向机制”与“健全技术创新激励机制”，本质上是要破除制约科技成果转化的制度性障碍，打通科技成果向现实生产力转化的通道。二是赋予科研单位更多的自主权。通过试点改革，赋予科研单位更多的自主权，包括科技成果转化的自主处置权和收益权。2014年，财政部等3个部门联合颁布《关于科技成果使用、处置和收益管理改革》，规定单位主管部门和财政部门对处置权和收益分配权不再审批或备案；规定单位科技成果转移转化所获得的收入全部留归单位，纳入单位预算，实行统一管理。三是对科研人员的激励力度也不断增强。2015年《中华人民共和国促进科技成果转化法》进行修订，对科技人员给予科技成果转化的奖励由不低于20%提升至不低于50%。部分地方将这一比例提高至70%甚至更高。2018年，财政部、国家税务总局、科技部联合发布《关于科技人员取得职务科技成果转化现金奖励有关个人所得税政策的通知》，规定科技人员取得职务科技成果转化现金奖励可享受所得税优惠。

2020年科技部等9部门印发通知，赋予科研人员职务科技成果所有权或长期使用权，以进一步激发科研人员的创新热情，促进科技成果转化。

上述内容参见表7–1所示。

表7–1 改革开放以来我国技术市场发展的基本历程

阶段	标志性事件	核心思想	主要政策文件	主要举措
起步萌芽阶段（1978—1991年）	1978年全国科学大会	“科技是生产力”，技术市场是社会主义生产要素市场	1.1980年《关于开展和保护社会主义竞争的暂行规定》 2.1981年《关于我国科学技术发展方针的汇报提纲》 3.1983年《加强技术转移和技术服务工作的通知》 4.1985年《中共中央关于科学技术体制改革的决定》 5.1987年《中华人民共和国技术合同法》	①肯定技术的商品属性，开启有偿转让；②推出“星火计划”等重大科技计划；③建立基本法律体系
建规立制阶段（1992—2001年）	1992年南方谈话和党的十四大	让市场成为资源配置的基础性调节机制	1.1993年《科技进步法》 2.1994年《适应社会主义市场经济发展,深化科技体制改革实施要点》 3.1995年《关于加速科学技术进步的决定》 4.1996年《促进科技成果转化法》 5.1999年《关于促进科技成果转化的若干规定》	①以激励科技人员为突破口，加大奖励激励；②在科技成果商品化中更多引入市场机制；③把科技和教育摆在重要位置
蓬勃发展阶段（2002—2012年）	2001年底加入世界贸易组织（WTO）	关键技术不可能依赖技术引进，而只能依靠自主创新	1.2002年《关于国家科研计划项目研究成果知识产权管理的若干规定》 2.2006年《国家中长期科学和技术发展规划纲要（2006—2020年）》 3.2006年《关于加快发展技术市场的意见》	①加大对知识产权的保护；②将科技成果的处置权授予科研单位；

（续表）

阶段	标志性事件	核心思想	主要政策文件	主要举措
			4.2007年修订《科技进步法》 5.2011年《关于在中关村国家自主创新示范区试行中央级事业单位科技成果处置权改革试点的通知》	③支持鼓励企业成为技术创新主体，进行自主创新；④大力培育和发展各类科技中介服务机构
深化改革阶段（2013年至今）	2013年党的十八届三中全会	破除制约科技成果转化的制度性障碍，打通科技成果向现实生产力转化的通道	1.2014年《关于科技成果使用、处置和收益管理改革》 2.2015年修订《促进科技成果转化法》 3.2016年《促进科技成果转移转化行动方案》 4.2016年《实施〈中华人民共和国促进科技成果转化法〉若干规定》 5.2018年《关于技术市场发展的若干意见》	①简政放权，赋予科研人员和单位更多自主权；②健全技术创新市场导向机制；③完善创新激励机制

资料来源：根据公开资料整理得到。

二、我国技术市场的发展现状分析

随着促进科技成果转化系列政策法规的不断推出并逐步落实，我国科技成果转化日益活跃，成果端、服务端、需求端共同发力，技术市场框架基本成型，运行效率不断提高，技术交易迎来蓬勃发展。

（一）从供给端来看，科技成果大量涌现，为技术交易提供稳定的源头供给

随着研发经费等创新投入保持稳定增长，科技成果大量涌

现。专利申请方面，2016年以来，国内发明专利、实用新型专利每年申请量均超过100万件，外观设计专利也稳定在60万件以上。专利授权方面，2020年国内专利授权数超过350万件，其中，发明专利授权40多万件、实用新型授权230多万件、外观设计授权70多万件。以专利等形式存在的众多科技成果，为技术市场提供了稳定充足的源头供给。

（二）从服务端来看，技术转移服务体系不断健全，转化渠道更加通畅

我国技术转移服务体系不断健全，打造起以技术交易所、技术产权交易所为主体的交易平台体系，发展形成了以载体中介、服务中介和管理中介为支柱的中介组织体系，为整合创新要素资源、推动技术转移转化提供了必要的载体平台。《2020年全国技术市场统计年度报告》显示，全国32家主要技术（产权）交易机构2019年共促成技术交易5224项，成交金额674.4亿元，有效推动了技术转移和成果转化、助推企业成长和创新创业。

（三）从需求端来看，市场成交额迈上新台阶，市场的流动性活跃度显著增强

全国技术合同成交额连续多年保持两位数增长。2016年全国技术合同成交额突破万亿元大关。2019年突破2万亿元，达到2.2万亿元。2020年进一步增长26.1%，成交额达到2.8万亿元。技术市场蓬勃发展的同时，市场成交额与全国研发经费投入之间的差距自2015年以来不断缩小，并于2019年实现反超，一定程度上反映出我国科技成果价值得到更大程度挖掘，创新效能稳步提升。

上述内容如图7-1所示。

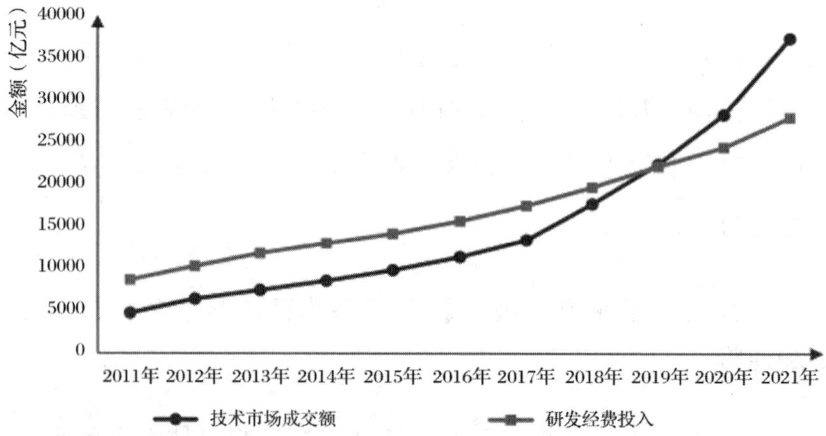

图7-1　技术市场成交额与研发经费投入增长情况（2011—2020年）

资料来源：《中国科技统计年鉴》《全国技术市场统计年度报告》。

三、与高标准建设要求相比，我国技术市场短板依然突出

目前我国已搭建起比较完整的技术市场框架，形成了一个增长势头迅猛、发展潜力巨大的技术市场。但与提升科技创新供给质量和创新效率、支撑高质量发展和高水平自立自强的要求相比，我国技术市场还存在明显短板。

（一）技术供给质量有待提高

技术成果的市场成交价格可以作为衡量技术质量的重要指标。《中国火炬统计年鉴》数据显示，近年来我国技术合同平均

金额稳步上涨，从2010年的171.1万元增至2020年的519.6万元，10年时间增长了2倍。在整体快速上涨的同时，结构性短板也在持续凸显。

从区域层面来看，技术供给质量存在明显的区域分化。我国技术市场发展迅速,但在空间上存在较大的差异。《2020年全国技术市场统计年度报告》数据显示，我国东部地区和东北地区技术合同成交均值都超过500万元，但中部地区和西部地区明显偏低，分别只有355.5万元、388.4万元，技术成果质量还有较大上升空间。

从微观主体来看，高校科技成果市场价值未得到实质性提升。我国一些高校的科研工作存在“重数量轻质量”“重申请轻转化”等问题，科技成果质量成为突出短板。从绝对值看，2020年高等院校技术合同平均金额为61.8万元，远低于企业法人和科研机构的670.2万元和209.4万元。从增速看，高校技术合同平均金额从2010年的46.6万元增至61.8万元，名义增幅32.7%。考虑到期间由居民消费者价格指数（CPI）测算的累积通胀达到28.1%，高校技术合同平均金额实际增长幅度仅3.6%。

（二）市场配置功能不够健全

一方面，校企对接低效，由市场发现和选拔项目、配置资源的机制有待完善。长期以来高校等科研机构的研发经费主要依靠政府拨款或竞争性经费支持的科研导向并未实质性转变。《2020年中国科技统计年鉴》数据显示，高校研发经费中来自企业资金的占比为30.6%，研发机构经费中企业资金的占比只有2.7%。过度依赖政府经费和政策激励，导致研究选题偏重技术与理论，由市场来发现和选拔产业项目、配置科技资源的机制难以形成，从源头上就增加了科技成果转化的难度。

另一方面，技术服务不成熟，无法通过议价竞价方式实现技术成果优化配置。科技成果具有独特性、专业性特点，不是标准化商品，需要依托中介机构的专业化服务来提升科技成果转移转化的成功率。目前我国技术中介机构整体服务水平不高、服务功能和形式单一，导致协议定价的多、做市交易的少，技术商品流通转移不畅，偏离了建立市场、鼓励议价竞价的初衷，无法通过价格机制来实现对科技资源的优化配置。《2020年中国专利调查报告》显示，通过技术市场或转让机构转让获取专利的比例仅为56.1%，另有大量技术经私下磋商、地下转化，不利于形成高效规范的技术市场。

（三）制度保障水平有待增强

在供给环节，成果转化面临考核制约。高校科研活动是创新的起点和源头，是科技成果的重要供给方。随着校企分离改革的持续推进，高校技术转移平台与其他校办企业一起纳入高校资产经营公司实施集中统一管理，推进成果转化的职责也赋予了资产经营公司。但高校资产经营公司为国资属性，面临防止无形资产流失和促进保值增值的考核要求，不适应科技成果转化高难度、高风险、高度不确定性等特点，给高难度的转化工作带来一定的制度成本。《2020年中国专利调查报告》显示，我国高校有效专利许可率仅为4.4%，转让率为3.6%。由于专利价值具有明显的时效性，过时的专利往往不再具有转化价值，从而造成创新资源的极大浪费。

在交易环节，知识产权保护力度有待加强。技术交易要求事前披露一定信息，知识产权保护不到位使得信息泄露风险较高，科技成果公开交易意愿不高，加剧了信息不对称、增加了信息搜索成本。《2020年中国专利调查报告》显示，拥有100件以上有效专利的专利权人遭遇过专利侵权的比例达到28.9%。

在需求环节，技术市场化应用激励不足。当前技术交易相关政策法规主要鼓励技术供给方输出，对技术需求方的鼓励则相对有限，缺乏技术成果市场化应用所必需的市场环境和政策激励。同时，配套政策调整不及时或不到位、审批程序复杂烦琐也是政策落实难的重要原因。比如享受税收优惠备案程序复杂，导致政策难以落实，也制约着技术市场的健康发展。

（四）人才队伍建设存在短板

一方面，研发人员队伍建设滞后。科技人才培育制度僵化导致科技人才创新能力不足、创造性不强，科技人才供给跟不上社会经济发展新形势和用人单位的人才需求。

另一方面，转化人才素质有待提升。与一般商品相比，技术交易更为复杂，涉及技术评审、转让方式、相关法律、合作期限等多个方面，这就要求必须有既懂技术又熟悉市场，深谙法律又有较强的协调组织能力和良好信用的专业人才提供中介服务。随着技术市场发展壮大，目前已初步形成一支技术经纪人队伍，但绝大部分都是转行而来的或是兼职人员，高水平、专业化、复合型技术经纪人才严重不足，无法提供高质量的服务。《2020年中国专利调查报告》显示，56.7%的高校受访者认为专利转移转化的最大障碍是缺乏技术转移的专业队伍。

四、加快建设高标准技术市场的政策建议

建设高标准技术市场，关键在于通过强化科技经济对接、创新成果同产业发展对接、创新项目同市场需求对接、研发人员创新劳动同其利益收入对接，进一步完善技术市场供求机制，加快形成以市场为导向的技术价格形成机制，完善政策法规体系，健全技术市场人才体系，形成包括高质量技术供给、高效率市场配置、高水平制度保障、高素质人才队伍为主要支柱的高标准技术市场，充分释放全社会创新活力与潜能。

（一）进一步深化科技成果供给侧改革，引导高质量技术供给

一方面，推进区域高质量创新。中西部地区技术供给质量偏低，既有创新资源相对匮乏的束缚，也有创新体制机制上的原因。要推动创新资源向中西部地区适度倾斜，扭转资源集聚产生的"马太效应"所加剧的区域不平衡。建设区域性创新中心，打造区域性创新高地，有效发挥资源集聚和辐射带动作用。鼓励各地区制定提质增效的应对举措，进一步提高创新质量和效率。完善跨区域创新合作，加快建设区域一体化创新要素网络，降低行政壁垒和制度成本。

另一方面，推进高校高质量创新。鼓励校企深度对接，发挥企业出题者作用，从源头推进以市场为导向的产学研深度融合。以完善科技成果评价机制为切入点和突破口，在充分考虑不同领域研究成果的具体导向和目标的基础上，强化成果的高质量供给与转化应用，淡化对低水平成果数量的追求。

（二）以完善市场功能和机制设计为核心，推进高效率市场配置

一是健全科技资源信息共享交流机制。推进科技文献、科技成果、科技人才等科技信息资源平台建设，推动科技成果存量与增量资源互联互通，实现科技资源持续累积、完整保存和开放共享，降低科技资源信息获取成本。

二是加强技术转移服务机构能力建设。统筹推进高校技术转移培育和促进技术交易服务，鼓励高校、科研机构建立专业化技术转移机构，发展社会化技术转移机构，引导技术转移市场化、规范化、专业化发展。

三是进一步规范技术市场交易秩序。设立专门的技术转移监管机构，强化知识产权保护，完善知识产权快速维权机制，从制度层面解决知识产权维权周期长、成本高、赔偿低、效果差、举证难等问题，切实维护技术交易各方的合法权益，降低交易风险、保障交易安全。

（三）以创新制度供给和推动落实为基础，强化高水平制度保障

一是破除成果转化制度障碍。深化职务科技成果权属制度改革，完善科研人员职务发明成果权益分享机制。健全高校院所科技成果转化的绩效考核评估体系，增加技术转移和成果转化的考核评价权重，提高高校院所和科研人员成果转化及产业化的积极性、主动性。健全科技成果转化尽职免责和风险防控机制，制定高校和科研院所科技成果转化尽职免责负面清单，开展科技成果转化尽责担当行动，探索建立科技成果转化的宽容监督和弹性考核机制。

二是完善技术需求侧政策体系。落实围绕产业链部署创新链、

围绕创新链布局产业链，以资源一体化配置为主线，促进产业链、创新链、教育链、人才链精准融合。加大政府采购对科技成果产业化发展的支持力度，实施新技术、新产品应用推广计划，推动形成一批具有示范效应的创新成果转化应用典型，强化科技成果转化宣传示范。

三是健全法律法规和监管体系。加快推进技术市场法律法规制定修订工作，明确技术要素价格管理的基本原则和具体办法，有效促进技术产品的开发利用，设立专门的技术转移监管机构。进一步规范技术市场秩序，维护各方合法权益，降低交易风险、保障交易安全。

（四）以研发人员与转化人才建设为抓手，打造高素质人才队伍

加强研发人才创新激励。完善人才成长全周期支持机制，探索实行人才薪酬包干制，突出高层次人才、重点科研领域企事业单位、杰出青年人才福利保障，增强确保科研人才能够有动力和有条件自觉进行研究周期长和探索性强的基础性科研项目，提高自主创新研发的内生动力。完善科技资源竞争性配置机制，探索开展“揭榜挂帅”、“赛马攻关”、业主制等新兴项目组织形式，推行重大项目推荐“悬赏制”、项目评审“主审制”、项目经费“包干制”，激发创新创业创造活力。

打造专业化转化人才队伍。建立健全技术经纪人培养体系，多渠道培养技术转化人才。鼓励高等学校开设科技成果转移转化相关专业及课程，推动技术经理人培训正规化、系统化。探索设立初、中、高级技术经理专业职称体系，完善专业化技术转化人才成长通道，提高技术转移专业服务能力。

参考文献

范瑞泉. 落实并释放科技成果转化政策红利 有效推动高校科技成果转化[J]. 科技管理研究, 2020, 40(15).

方新. 中国科技体制改革——三十年的变与不变[J]. 科学学研究, 2012(10).

姜长云, 洪群联. 加强产权和技术交易服务体系建设的探讨[J]. 首都经济贸易大学学报, 2012,14(1).

沈健. 我国大学专利转化率过低的原因及对策研究[J]. 科技管理研究, 2021, 41(5).

谢富纪. 科技成果转化需要制度体系支撑[J]. 人民论坛, 2021(14).

喻昕. 技术市场信息不对称问题研究[J]. 情报科学, 2011, 29(4).

张江雪. 我国技术市场的发展现状、问题及对策分析[J]. 科学管理研究, 2010, 28(4).

张欣炜, 林娟. 中国技术市场发展的空间格局及影响因素分析[J]. 科学学研究, 2015, 33(10).

张铣. 技术转让中信息披露存在的问题及其应对[J]. 知识产权, 2015(7).

周宇英, 刘文兵, 甘月丽. 广东技术市场发展路径研究[J]. 科技管理研究, 2021, 41(15).

第八章　规范个人数据采集使用和安全保护

内容提要：当前我国个人数据面临过度采集、数据滥用、泄露频繁、无序跨境等突出风险，成为数字经济规范健康发展的主要短板。未来随着更多智能设备深度普及，数字化加速渗透到经济社会各个层面，围绕个人数据权属的矛盾冲突可能更加尖锐，亟需围绕个人数据使用和保护所存在的突出问题，加快推进个人数据制度建设，有效保障数据权益，规范和引领数字经济高质量发展。

个人数据是可以直接或间接识别数据主体的信息。随着数据成为数字时代的基础性战略资源和革命性关键要素，个人数据的商业价值持续凸显的同时，也面临着被随意收集、违法获取、过度使用、大规模泄露、随意出境等问题日益严重的高风险隐患，个人信息保护遭受严峻挑战。当前，我国正处于个人数据采集使用和安全保护相关立法密集出台时期，亟须进一步明确如何平衡个人数据保护和使用的有关责权利关系，加快构建安全有序的个人信息采集、利用和保护生态。

一、当前个人数据采集使用和安全保护面临风险

（一）个人数据采集缺乏约束，存在过度采集风险

当前越来越多产生于个人的数据持续处于他人控制之下，个人对有关自身的数据失去控制。突出表现在三个方面。

一是过度索权、强制授权、超限收集等采集乱象。企业利用其市场地位采取不同意则不提供服务的方式强迫用户授权，知情同意规则形同虚设。中国消费者协会报告显示，100款App中多达91款存在过度收集个人信息的问题。

二是数据采集从线上向线下蔓延。餐饮、商超等线下门店纷纷要求扫码注册，比如网络曝光麦当劳、肯德基的扫码点餐业务，不扫码不能点餐。

三是数据倒卖导致场景重构，个人数据控制更难实现。2021年央视“3·15”晚会曝光了智联招聘、前程无忧、猎聘网等涉大量个人简历信息被倒卖形成黑色产业的现象。个人数据信息非法买卖助长了短信骚扰、电话诈骗等恶意违法行为。

（二）个人数据使用不够规范，存在数据滥用风险

目前数据归属在法律上处于空白，收集数据的企业享有实质性控制权，也享有基于数据控制所取得的所有权、使用权、收益权等诸多数据权益。在资本驱动、数据变现等因素驱动下，数据滥用侵害了消费者合法权益和社会福利，甚至威胁到社会稳定。

突出表现在三个方面。

对竞争对手实施数据垄断，部分大型数字平台通过“二选一”、屏蔽外部链接等方式把控流量入口，滥用市场地位排除限制市场竞争。

对灵活用工实行算法压榨，例如通过算法不断缩短配送时间、“以罚代管”、诱导注册个体工商户等方式，侵害劳动者正当权益。

对消费者进行“杀熟杀富”，大数据技术解决了预测用户行为的问题，使“一人一价”“看人下菜单”成为可能。北京市消费者协会调查显示，56.92%的被调查者表示有过被“大数据杀熟”的经历。

（三）个人数据保护力度不足，存在数据泄露风险

数字经济的发展和各类数据采集应用过程中，暴露出新形势下的个人数据管理能力不足、保障不力现象突出。

一是涉数据企业主体责任未落实。多数企业只关注收集和分析利用用户数据，而不重视数据安全加密系统的保护，缺乏针对敏感涉密数据的管理能力。

二是外部恶意窃取行为频发。IBM《2020年数据泄露报告》对全球500多个组织数据泄露事件的深入分析发现，因黑客攻击等恶意攻击引起数据泄露事件占比稳步上升，由2014年的42%提升至2020年的52%，成为数据泄露的主要原因。

三是内部人员也可能泄露。美国威瑞森（Verizon）公司发布的《2021年数据泄露调查报告》显示，85%的违规行为涉及人为因素，且内部造成的网络安全危害程度远超黑客攻击和病毒造成的

损失。

（四）数据资源随意跨境流动，存在严重安全隐患

随着数据资源开发利用取得成功，包括个人、企业和产业等方面数据的战略意义不断凸显。互联网产业资本向经济、社会、思想等更多领域延伸，各方面数据也加速向之汇聚集中，形成了对经济、社会和政治的强大影响力和控制力。国外资本对我国互联网行业广泛渗透，跨境数据流动规范和制度等缺失、监管手段滞后，进一步放大了数据出境的安全隐患。例如，国家计算机网络应急技术处理协调中心（CNCERT/CC）发布的《2020年中国互联网网络安全报告》指出，2020年共发现我国未脱敏医学影像数据出境近40万次，占医学影像数据出境总次数的7.9%，其中包含大量患者个人信息。再如，“滴滴出行”赴美上市被审查，进一步引发了信息披露、数据出境等问题。经济、社会、思想等领域的重要数据不受限制地流出，严重冲击了国家主权与发展安全。

二、加强个人数据规范使用和有效保护成为全球性趋势

个人数据保护不是新话题，却是当前全球数据治理中共同面临的难题。世界各国纷纷加快探索，尤其欧美在设立个人数据保护法律规范方面走在世界前列，欧洲《一般数据保护条例》（GDPR）、美国《加利福尼亚州消费者隐私法案》（CCPA）相继成为具有全球影响力的个人数据保护法案。尽管其实践效果有待检验，但整体上看，个人数据保护的制度取向正逐渐明晰。

（一）数据归属方面，明确人格权保护高于财产权益

个人数据同时具备人格权和财产权属性，关系数据主体、数据采集者、控制者、使用者等多方主体。要坚持在守住安全底线、优先保障数据主体人格权益的前提下，对不同权利主体间的数据关系进行调配。目前，欧洲采用统一立法的方式，通过GDPR赋予数据主体访问权、更正权、携带权、被遗忘权等一系列权利，数据主体有权对个人数据进行访问、下载、转发或删除等操作。美国没有统一的个人数据保护法律规范，而是采用分行业领域对个人数据分别立法保护，涵盖金融服务、电子商务、健康信息、通信信息等不同场景。在具体权能上，美国主要围绕隐私保护展开，依不同领域或场景而有所侧重，并参照欧洲实践创建了访问权、删除权等新权能。

（二）数据使用方面，严格用户授权和用途限制

欧美普遍采用程序性规定和实体性规定相结合的方式，保障个人数据被规范使用。欧洲GDPR规定，对于个人数据的收集、储存、处理、披露都必须获得数据主体的授权，且数据主体有“撤回权”。缺乏授权的处理只有在履行公共职责等例外情形下才能进行。同时，个人数据的使用必须符合消费者的合理预期和风险控制要求。此外，欧盟《数字市场法》进一步规定，具有“看门人”作用的大型互联网平台企业不得将平台上采集的个人数据与其他来源的个人数据合并使用，不得利用从入驻企业获得的用户数据与其开展同业竞争。与之类似，美国CCPA规定，数据处理以“通知数

据主体”为原则，数据主体有“退出权”，侧重于规范数据开发利用，强调数据利用的目的和方式要符合消费者的合理预期。

（三）数据安全保障方面，强化涉数据企业主体责任

一方面，对数据存储提出安全要求。欧洲GDPR规定，控制者和处理者应当采取适当技术与组织措施，以保证和风险相称的安全水平。美国CCPA同样强调企业要采取措施保护数据完整真实和安全。

另一方面，注重通过行政执法确保主体责任落实。以GDPR为例，据不完全统计，自2018年5月GDPR生效以来，欧盟各国数据保护执法机构已向在欧盟境内开展运营服务的企业开出超过500张罚单，其中不乏“天价罚款”。比如，2019年英国航空公司因安全防护措施脆弱，造成50万名乘客个人信息泄露，被罚1.83亿英镑。通过加大执法力度，推动数据采集和使用合法合规。

（四）数据跨境流动方面，注重维护本国利益和发展需要

数据跨境流动政策受到地缘政治、国家安全、隐私保护、产业发展水平等复杂因素的影响。其中，美国依托在数字经济和信息技术领域的全球领先优势，实施“数据控制者”标准，通过授权政府跨境调取数据、限制重要技术数据出口，以及特定数据领域的外国投资实现数据跨境流动管制。欧盟以构筑单一数字市场为战略目标，在内部，欧盟积极推动成员国之间数据自由流动，力促单一数字市场战略的形成；在外部，实行严格的数据跨境传输管控，以期推进欧盟乃至全球的数字单一市场、引领国际数据流动和保护规则。

三、进一步规范个人数据采集使用和安全保护的对策建议

坚持权责清晰、权责对等，坚持发展和规范并重。围绕数据确权赋权、规范使用、共享交易、数据治理等关键环节，聚焦过度采集、数据滥用、隐私泄露、安全漏洞等突出问题，建立健全个人数据权属制度，及时规制负面因素，确保数据更好地造福社会。

（一）稳步推进数据权属相关制度探索，完善明示同意和授权使用制度

探索个人所有、授权使用的制度安排。对于包含个人信息的原始数据，探索数据产权属于数据主体，加强用户隐私保护。对于主体信息不明、采用脱敏技术处理的衍生数据，探索赋予数据开发主体控制权，保障其合理使用、共享开放和交易的权利，保护数据采集积极性。

进一步完善个人数据明示同意和授权使用制度。企业采集和使用个人数据的，需依法取得数据主体明示同意和授权，并进行匿名化处理。

第三方使用个人数据的，需采用“三重授权”制度。

（二）建立数据采集情况统计报告制度，堵住过度采集漏洞

严格市场准入条件，实行业务许可和牌照管理。开展数据资产调查，探索重要数据和个人信息备案试点，完善重要数据和个

人信息识别、采集、分类等标准规范和信息统计。

加大数据采集情况监测力度，明确数据采集边界，强化对超范围采集、窃取个人信息等违法犯罪活动的打击力度。

引入数据交易等级制度，在用途管制的前提下，进一步探索数据使用“可控可量化”的技术手段，确保数据及交易过程可追溯、可审计。

加强全流程数据安全管控，在采集、存储、加工、传输、披露等各个环节规范个人信息管理，防止因系统漏洞或人为因素造成数据泄露。

（三）建立数据使用“负面清单”制度，明确数据使用边界

建立数据分析禁止清单制度，划定不可进行大数据分析的底线，严格限制金融、征信、新闻资讯等特殊领域的数据开发利用，禁止针对个人生命医学特征、儿童等特定人群的大数据分析行为。

限制大型企业跨平台、跨领域、跨市场使用个人数据。数据使用过程中，必须充分保障数据主体享有知情权、访问权、隐私权、删除权等基本权能。

明确禁止涉及个人信息的明文数据进场交易，禁止通过不安全不规范平台或渠道进行数据交易，积极运用安全多方计算、同态加密、联邦学习、隐私计算等技术手段保护用户隐私。

加大非法数据交易监管，依法严厉打击非法买卖个人或者企业数据的行为。

（四）强化基于数据的价格歧视或欺诈等规制，打击不正当价格行为

针对大数据“杀熟杀富”等行为，立足有效执法，重点围绕构成要件、行为认定、价格误导及欺诈、救济措施等关键议题开展深入研究，梳理和出台必要的部门规章或规范性文件，加快弥补制度空白。

建立必要的大数据监管平台，增强价格行为的在线监测能力，跟踪监测各类在线竞争行为、数据收集和利用行为。强化社会监督和行业自律促，支持各类组织和个人监督平台企业的歧视性定价行为，加大对利用数据资源优势进行市场垄断的查处力度，确保诚信规范经营。

（五）完善数据跨境流动制度规则，确保重要数据有序谨慎出境

完善跨境数据流动相关法律法规和技术规范，构建跨境数据流动的系统化制度安排。成立专门的数据保护监管机构，推进分级分类分区域跨境数据流动的监管制度，出台跨境数据流通负面清单。

建立并完善跨境数据流动安全评估机制、违规举报机制和信用管理机制。对大型互联网公司率先开展数据出境管理实践，坚定维护数据主权。

积极参与或主导数据跨境流通规则制定和监管，构建数据跨境流动的信任体系，形成数据跨境流动“白名单”，对相关国家实施个人信息保护及跨境数据流动的对等措施。

参考文献

程啸. 论我国个人信息保护法中的个人信息处理规则[J]. 清华法学, 2021, 15(3).

戴艺晗. 数据保护的社会维度——从美国、欧盟数据监管模式展开[J]. 情报杂志, 2021, 40(5).

高富平. 个人信息处理：我国个人信息保护法的规范对象[J]. 法商研究, 2021, 38(2).

第四篇

高水平循环畅通

第九章　建设全国统一大市场的历史脉络、问题与建议

内容提要：建设全国统一大市场，是把我国超大规模市场优势转变为发展优势，实现推动增长、促进分工、虹吸资源、激励创新等超大市场功能的重要举措。我国市场体系建设取得积极进展，建设全国统一大市场的基础条件更趋成熟。但受发展模式、地方激励和部门利益等因素影响，地方各自为政、画地为牢，统一市场建设仍存在堵点难点，且出现了一些新变化。主要表现在三个方面：一是地方着眼于自我小循环来制定发展规划和产业政策；二是地方保护政策作用领域更多地表现在土地、劳动力等要素市场领域；三是地方保护主体由以欠发达地区为主向更多地区蔓延。建议坚持问题导向和目标导向，立破并举，完善激励约束机制，稳步有序地推动全国统一大市场建设。

一、建设全国统一大市场的重要意义

建设全国统一大市场是党中央着眼于国内外发展大局和我国比较优势变化，审时度势作出的重大决策部署，是充分利用和发挥市场资源优势，以统一大市场打造竞争新优势、激活发展新动能的重要战略任务，对于形成强大国内市场、推动高质量发展、构建新发展格局意义重大。

（一）建设全国统一大市场是形成强大国内市场的内在要求

全国统一大市场是强大市场中“大”的重要体现，是推动我国市场由大到强转变的前提要件，加快建设全国统一大市场是形成强大国内市场的内在要求。通过贯通生产、分配、流通、消费各环节，充分发挥国内市场超大规模优势，持续推动国内市场高效畅通和规模拓展，努力形成供需互促、产销并进、畅通高效的国内大循环，扩大市场规模容量，不断培育发展强大国内市场。

统一大市场有助于畅通供需对接。在社会再生产过程中，流通效率和生产效率同等重要，是提高国民经济总体运行效率的重要方面，而统一大市场是促进商品要素资源畅通流动的基础条件。中央财经委员会第八次会议指出，“高效流通体系能够在更大范围把生产和消费联系起来，扩大交易范围，推动分工深化，提高生产效率，促进财富创造。国内循环和国际循环都离不开高效的现代流通体系”。建设全国统一大市场，就是要让企业更加便利地扩大经营范围，接触到更多的顾客群体；消费者能够获得来自更多地区的商品或服务，拥有更为丰富的选择。

统一大市场有助于促进市场信息流动和高效使用。市场信息是市场主体研判市场趋势、制定经营策略、参与市场竞争、适应外部环境的重要依据，市场信息的数量和质量直接影响决策水平。市场信息如果不能畅通流动、不能便利获取，就会导致“信息孤岛”、“信息茧房”、信息失真，会产生很多问题。例如，银企信息不对称，银行就会不愿贷、不敢贷，对于中小企业就是融资难、融资贵；市场供求信息如果不能及时准确通达，导致价格频繁大幅波动，会给企业生产和居民消费带来严重负面影响。建设全国统一大市场，就是要通过市场信息流动交互引导调剂商品要素流动，缓解局部波动、优化资源配置。

统一大市场有助于市场主体做大做强。市场主体是经济的力量载体，强大国内市场关键是要培育建设高质量市场主体，要有一批能够体现国家实力和国际竞争力、引领全球科技和行业产业发展的世界一流企业作支撑。但世界一流企业不会凭空产生，而要在激烈的市场竞争中脱颖而出、在品牌引领中独树一帜、在创新发展中做大做强。这些都需要在平等准入、公平竞争、公正监管的统一大市场中实现。实践中，有地方为了把税源留在当地，强制或变相要求外来施工企业在本地设立分公司或子公司，把大市场被分割成一个一个小市场，大企业也被分解成一个一个独立核算的小企业，增加了外来施工企业的管理成本，限制了施工企业的公平竞争，不利于企业做大做强。从《财富》世界500强来看，我国上榜的大企业中70%以上都是国有企业，民营企业做大做强还面临较多困难；上榜企业在盈利能力、自主创新、品牌打造等方面与世界一流企业还存在不小差距。建设全国统一大市场，就是要用足用好超大规模市场优势，以统一大市场集聚资源、推动增长、激励创新、优化分工、促进竞争，加快建设高质量市场主体。

（二）建设全国统一大市场是推动高质量发展的重要战略任务

经过长期努力，我国发展进入了新阶段，相应提出了新的发展要求，也遇到了新困难。从国内来看，原有资源要素高性价比的优势在逐步消失，“拼资源、拼消耗、拼投资”的粗放型发展老路已不可持续；从国际来看，“两头在外、大进大出”的外向型发展模式也陷入困境，不再适应参与国际合作竞争要求，迫切需要深挖新资源、把握新优势、走出高质量发展的新路子。习近平总书记深刻指出，市场是全球最稀缺的资源，市场资源是我国的巨大优势，必须充分利用和发挥好这个优势，不断巩固和增强这个优势。

超大市场首先意味着超大的规模经济、规模优势、规模红利，这是提高发展效率的关键。超大规模市场所带来的规模经济、网络经济效应，可以使相关行业、企业拥有效率优势和成本优势，让更高质量的商品和服务在市场竞争中脱颖而出，在全球竞争中赢得主动。以稀土市场为例，我国不仅是全球最大的稀土生产国，也是最大的消费国。由于稀土企业恶性竞争、竞相压价、违规盗采，稀土没卖出“稀”的价格，卖出了“土”的价格，行业整体丧失市场议价能力。近年来，我国加强对稀土行业企业整合，成立了中国稀土集团，整合后的中国稀土集团市场份额不断提升，规模效应逐步显现，在市场定价上开始掌握关键话语权。加快建设全国统一大市场，就是要把分散的零碎的市场资源整合起来，更好发挥超大市场的规模效应。

超大市场更容易形成专业化分工和完整的产业配套，这是推动发展进步的重要源泉。分工是市场主体产生的根本原因，分工也推动了市场主体的群体性成长，带来贸易和投资扩张、消费增长以及要素生产率提升，成为经济增长的强大动力。超大规模市场内部更容易形成和维持分工明确、优势互补、紧密衔接的完整的产业分工体系，既能确保产业生态的丰富性和多样性，也能增强产业链供应链的安全性和稳定性。从全球来看，全球化推动市场整合和分工深化，40年前，世界贸易的70%是成品；到了21世纪，世界贸易的70%已经是原材料和零部件。在国内，深圳等地通过扩大市场开放、整合市场资源，也逐步形成了一批产业配套能力和国际竞争力较强，具有一定规模的产业集群。

超大市场更能发挥内需潜力、激发活力韧性，这是推动发展健康可持续的坚实保障。超大规模市场优势和内需潜力决定了我国经济运行更具韧性，经济发展更有活力。我国拥有超过4亿人的中等收入群体、8亿多的网民、14亿人口规模的大市场，消费需求旺盛，消费升级不断加快，超大市场规模使我国具备吸收外部冲击的腾挪空间，具备通过内部调整来应对外部冲击的适应能力。特别是在当前我国经济发展面临需求收缩、供给冲击、预期转弱这三重压力的形势下，加快建设全国统一大市场，将通过优化市场环境释放更大消费潜力，促进各层次市场供给与需求快速相互匹配，实现供需互促、产销并进的良性循环，扩大市场规模容量。

（三）建设全国统一大市场是构建新发展格局的关键支撑

构建新发展格局是以全国统一大市场基础上的国内大循环为

主体，关键在于经济循环的畅通无阻，关键在于建设全国统一大市场。过去我国参与经济全球化，主要采取出口导向战略，以外循环带动内循环，国内市场是不是统一大市场对于扩大出口并不是十分重要。然而进入新发展阶段后，构建新发展格局要求以庞大的内需市场来引领和推动外循环，积聚资源培育国际竞争合作的新优势，使建设全国统一大市场成为亟待解决的现实而重要的问题。习近平总书记强调，新发展格局是以全国统一大市场基础上的国内大循环为主体，不是各地都搞自我小循环。加快建设全国统一大市场，就是要通过制度、规则、标准的统一，推动形成供需互促、产销并进的良性循环，为构建新发展格局提供支撑。

建设全国统一大市场，首先要统一标准。标准不统一的例子有很多。生活中，不同电子设备配置的充电器电流功率不一致、数据线接口不兼容，各式各样的接口分不清，造成巨大浪费。疫情之下，地方与地方之间在人、车、货、企业等方面的数据信息未打通，有的还擅自“加码”提高防控标准，导致健康码不能通用，防疫信息不能整合，甚至出现“全国通行证不能通全国”的乱象，不仅制约了人员往来，阻碍了经济正常有序运行，而且，由于疫情信息不能及时在异地被掌握，也不利于迅速阻断疫情。建设全国统一大市场，就是要加快建立全国统一的标准体系，确保基础设施互联互通和流通体系高效运转，全面提升跨区域、跨部门的数据和信息互联互通水平。

其次要统一规则，加速经济循环“软联通”。建设全国统一大市场，就是要进一步统一基础制度规则，要从制度建设着眼，明确统一市场建设的底线要求，打通国内循环的堵点和卡点，促进商品要素资源在更大范围内畅通流动。

最后要统一秩序规范，促进市场公平竞争。在实践中，地方政府市场干预问题仍然存在，有的通过政府采购、消费补贴、推荐指定等方式设置“软壁垒”，对本地企业进行市场保护。在芯片“国产替代”预期下，仅2020年上半年，国内就有接近20个地方签约或开工建设半导体项目，近80%的项目落地在国内二三线甚至四线城市，一些没经验、没技术、没人才的“三无”企业也投身集成电路行业，个别地方对集成电路发展的规律认识不够，盲目上项目，导致低水平重复建设；个别项目建设停滞、厂房空置，造成资源严重浪费，有的还涉嫌骗取政府补助资金和国有土地。建设全国统一大市场，就是要进一步规范不当市场干预和竞争行为，动态发布市场干预行为禁止清单，破除地方保护和区域壁垒。

二、我国统一大市场建设的历史脉络

改革开放以来，我国持续推进社会主义市场经济体制改革，不断调整完善政府和市场之间的关系，推动经济社会保持较快发展，形成了具有中国特色的市场体系。在这个过程中，国内市场也由量的积累迈向质的飞跃，超大规模市场逐步成型，为加快建设全国统一市场奠定了基础条件。与此同时，受地方发展等利益驱使，地方保护和市场分割问题突出，成为我国建设统一大市场亟待破除的关键障碍。围绕重要事件、关键节点，我国统一市场建设历程大体可分为以下几个阶段。

（一）第一阶段（1978—1991年）：改革开放推动市场孕育发展，市场分割随地方权力扩张而出现

为解决国民经济和人民生活面临的各种问题和困难，市场在我国资源配置中的重要作用得到重视并开始发挥作用。党的十一届三中全会拉开了改革开放的序幕。1982年，党的十二大提出“计划经济为主，市场调节为辅”。1987年，党的十三大进一步提出“社会主义有计划商品经济的体制，应该是计划和市场内在统一的体制”“社会主义商品经济的发展离不开市场的发育和完善，利用市场调节决不等于搞资本主义”，同时强调“垄断的或分割的市场不可能促进商品生产者提高效率”“采用原有的直接管理方式，对生产要素实行调拨分配，企业没有自主权，市场难以形成，有计划商品经济的体制也无法建立和发展”。这一时期，市场在我国资源配置中的重要作用开始发挥，建立起“政府调节市场，市场引导企业”的“政府→市场→企业”传导模式，标志着我国“市场取向”的经济体制改革的全面展开。这一阶段，我国商品经济得到极大发展，市场供应大为改观，基本扭转了过去那种消费品长期严重匮乏的局面。

系列改革举措在极大激发调动各方面积极性的同时，也出现了地方市场分割现象。受农村改革尤其是家庭联产承包责任制的启发，这一时期的改革都突出“包”的特点。例如，国有企业改革以扩大经营自主权为重点，通过放权让利、经济责任制、“利改税”、“拨改贷”、承包经营责任制等举措，开启了把国有企业推向市场的早期探索。财税体制方面，以行政性分权为核心，推行

包死基数、超收全留或多留地方的财政包干制，形成了地方政府自身利益，有效激发了地方政府促进地区经济发展的积极性。但也由此出现了地方市场分割。财政包干使地方热衷于大上项目，特别是生产高税产品和预期价高利大的项目，导致盲目投资、重复建设严重，降低了资源配置效率。这一时期，地方保护和市场分割主要是通过禁止进入或流出等硬性壁垒，限制本地产品或基础原材料外流，或采用不正当手段竞争，甚至保护、纵容假冒伪劣产品的生产销售。

（二）第二阶段（1992—2001年）：经济体制改革向纵深拓展，地方经济发展推动市场分割加速渗透

经过前期探索，明确市场在资源配置中的基础性作用，并着眼统一市场建设。1992年，党的十四大指出，经济体制改革的核心是“正确认识和处理计划与市场的关系”，强调“要使市场在社会主义国家宏观调控下对资源配置起基础性作用”，指出“重复建设比较严重”，首次提出“要大力发展全国的统一市场，进一步扩大市场的作用”。1993年，党的十四届三中全会作出了《中共中央关于建立社会主义市场经济体制若干问题的决定》，制定了建立社会主义市场经济体制的总体规划，将党的十四大提出的经济体制改革的目标和原则具体化，正式提出“建立全国统一开放的市场体系”的工作目标。经济体制改革开始向着建立社会主义市场经济体制的目标整体性推进。1997年，党的十五大把“公有制为主体、多种所有制经济共同发展”确立为我国的基本经济制度，明确提出“非公有制经济是我国社会主义市场经济的重要组成部分”，同时强调要“切实解决‘大而全’、‘小而全’和不合理重

复建设问题”，明确提出要“尽快建成统一开放、竞争有序的市场体系，进一步发挥市场对资源配置的基础性作用”。这一阶段，我国财税、金融、外汇、价格、国企改革等领域改革取得突破性进展，搭建起社会主义市场经济的基本框架，市场在资源配置中的基础性作用进一步发挥，政府宏观调控的手段和能力进一步加强，市场竞争更加充分，市场化的商品价格体系和价格形成机制初步确立。

随着市场取向的经济体制改革向纵深推进，地方经济得到进一步激活，地方政府在地区的经济增长中起到非常重要的作用。为进一步平衡中央和地方财税关系，我国从1994年起正式实施分税制，将税种划分为中央税、地方税和中央地方共享税，将中央和地方的财政收入与经济运行挂钩，建立中央税收和地方税收体系，并建立了规范的中央财政对地方财政的税收返还制度。但是，在财政、经济激励以及官员晋升激励下，地方政府仍然具有极强的地方保护动机。同时我国正从短缺经济发展为过剩经济，使得保护地方商品资源的地方封锁与保护本地市场资源的政策措施并存，区域壁垒渗透至更多的市场领域，保护手段也从最初的以行政手段为主发展为法律、行政、经济手段并举。这一时期虽然采取了一系列整治措施，但由于不触及体制根源，地方保护和市场分割还是在一定程度上影响和制约了统一市场的建立和完善。

（三）第三阶段（2002—2012年）：以市场主体平等竞争为特征，统一市场建设迎来实质性提升

随着改革开放进一步深化，个体、私营等非公有制经济快速发展，统一市场的重要性进一步凸显。2002年，党的十六大强调

“要在更大程度上发挥市场在资源配置中的基础性作用，健全统一、开放、竞争、有序的现代市场体系”；在具体举措方面，提出要“深化流通体制改革，发展现代流通方式”“打破行业垄断和地区封锁，促进商品和生产要素在全国市场自由流动”；在市场主体方面，正式提出“两个毫不动摇”，即毫不动摇地巩固和发展公有制经济，毫不动摇地鼓励、支持和引导非公有制经济发展，强调“各种所有制经济完全可以在市场竞争中发挥各自优势，相互促进，共同发展”。2003年，党的十六届三中全会通过了《中共中央关于完善社会主义市场经济体制若干问题的决定》，标志着中国进入以完善市场经济体制为核心内容的制度创新时期。2007年，党的十七大强调要“加快形成统一开放竞争有序的现代市场体系”，同时再次强调“两个毫不动摇”，强调“坚持平等保护物权，形成各种所有制经济平等竞争、相互促进新格局”。随着市场在资源配置中的基础性作用进一步发挥，政府宏观调控的手段和能力进一步加强，充满活力与生机的国民经济运行机制基本形成。

这一时期，市场体系建设特别是要素市场化建设步伐加快，规则制度加快完善，统一市场建设取得实质性进展。一方面，加入WTO促使我国加快推进市场体系制度规则、运行机制、监管执法等方面与国际市场接轨，对规范我国统一市场建设发挥了重要作用。另一方面，国外先进的连锁零售、超级市场、电子商务等新业态也先后进入我国，推动我国统一市场的形成和发展。尤其是电子商务的发展在更大程度上突破了地域限制，极大地促进了全国统一大市场的建设。

（四）第四阶段（2013年至今）：地方保护和区域壁垒加快破除，统一市场建设进入全面推进阶段

党的十八大以来，我国持续巩固和完善基本经济制度，健全系统完备、科学规范、运行有效的制度体系，不断完善全国统一大市场建设的体制机制。2013年，党的十八届三中全会作出《中共中央关于全面深化改革若干重大问题的决定》，首次提出“使市场在资源配置中起决定性作用和更好发挥政府作用”，对经济体制改革作出全面部署，要求发挥好经济体制改革在全面深化改革中的牵引作用。2017年，党的十九大提出要“建设现代化经济体系”“全面实施市场准入负面清单制度，清理废除妨碍统一市场和公平竞争的各种规定和做法，支持民营企业发展，激发各类市场主体活力”。2019年，党的十九届四中全会提出要“建设高标准市场体系”，明确“完善公平竞争制度”“全面实施市场准入负面清单制度”“健全以公平为原则的产权保护制度”等，突出了制度建设这条主线。2020年，党的十九届五中全会提出要建设高标准市场体系，形成“高效规范、公平竞争的国内统一市场”，加快构建以国内大循环为主体、国内国际双循环相互促进的新发展格局，对改革实践提出了新的更高要求。2021年，《中华人民共和国国民经济和社会发展第十四个五年规划和2035年远景目标纲要》指出，要“加快构建国内统一大市场，对标国际先进规则和最佳实践优化市场环境，促进不同地区和行业标准、规则、政策协调统一，有效破除地方保护、行业垄断和市场分割”，明确了具体建设路径，统一大市场建设进入全面推进阶段。

三、当前建设全国统一大市场面临的突出问题

经过多年发展，我国市场体系建设取得重要进展，为构建全国统一大市场提供了基础支撑。从生产供给来看，我国具有最完整、规模最大的工业供应体系。从消费需求来看，我国具有规模广阔、需求多样的国内消费市场，以消费为主导的内需结构基本形成。供需对接方面，我国基础设施更加完善，数字经济、电子商务、物流行业等快速发展，商贸、交通、物流更加通畅，提高了畅通产业链、供应链的能力。但是也要看到，与促进形成强大国内市场、推动高质量发展、构建新发展格局的要求相比，统一市场建设还面临三方面突出问题。

（一）地方着眼于自我小循环来制定发展规划和产业政策

中央产业政策规范持续缩减，针对特定企业、项目的产业政策大多集中在地方。

一是以保障产业链供应链安全为名实施地方性产业政策。一些省份以保障产业链供应链完整性为名，通过规划等方式把供应商供应链往省内转，强化地方性产业政策。

二是在招投标中实施歧视性政策。有的地方招投标协会反映，工程招投标中往往对企业承建工程所在地的业绩、对当地的财政贡献、承诺中标后必须在本地成立分公司或子公司等提出要求，或设置非必要过高的“门槛”来限制公平竞争。

三是实施差异化收费标准。例如工程建设过程中需要交纳投

标保证金、履约保证金、工程质量保证金、农民工工资保证金等四类保证金，各地在保证金缴纳比例、方式上存在较大差异，有的地方主要以现金形式缴纳且比例较高，挤占了企业大量现金流。

四是实施指定交易。部分地区的中介机构与行政机关尚未完全脱钩，仍存在法定行政审批事项指定中介机构或强制企业接受中介服务现象。水电气热接入对应的工程施工市场也不够开放，多由公用服务单位下属三产公司承担，价格也比合理的市场价格贵不少。

五是阻碍企业注销、破产、搬迁。企业跨区域变更地址难度大，除涉及税务清算外，有的城市区与区的注册要求都不一样，跨区变更后需要重复办理许可证，手续之烦琐不亚于新注册一家企业。

（二）地方保护政策作用领域更多地表现在要素市场领域

在电子商务推动下，全国统一商品市场已基本形成，要素市场的统一性问题日益受到关注。

一是土地要素市场化配置仍存在障碍。比如区域间土地二级市场发育滞后，地方政府、市场主体和金融机构对集体经营性建设用地入市的积极性不高，入市范围限定、入市收益分配及入市土地利用等需进一步深化改革破除。

二是劳动力和人才流动不畅。部分地市和部门人地钱挂钩政策实施不畅，人口快速增长导致当地财政吃紧，教育、医疗卫生等公共服务供给紧张。干部派遣制度与应届毕业生身份关联，不利于高校毕业生就业流动。技能人才同等享受有关待遇政策落实不到位。

三是资本要素供给仍然不足。民营经济、中小微企业以及三农领域和贫困群体的金融产品创新和服务仍较为欠缺。投资主体存在结构性问题，投资者目前以个人投资者为主，机构投资者较少，增加了资本市场的不确定性。

四是科技成果市场化运用存在一定制约。有的地方反映，科技成果转化形成的国有股权转让、对外投资等事项，需按权限逐级报相关部门审批或备案，产权登记事项办理链条较长；与科技成果转化有关的国有资产管理制度比较分散，不利于全面掌握和理解执行，影响科技成果转化效率。

五是数据要素共享难、流通难、应用难等问题仍然存在。政府部门间的监管数据特别是日常监管数据仍未做到实时共享，非实时的存量数据无法作为协同监管的依据，难以发挥市场监管合力。

六是要素交易规则还不统一。当前公共资源交易监管体制整体上仍实行条块分割模式，各种要素的交易制度、交易规则都有明显的行业差异，交易制度体系的整体性、统一性、协调性不足。

（三）地方保护主体由以欠发达地区为主向更多地区蔓延

过去主要是欠发达地区采取市场封锁、地方保护方式。为缩小与发达地区差距，弱势地区倾向于设置税收优惠、产业政策等措施来补贴本地企业保护本地市场，导致为了推进市场统一、发挥统一市场作用的政策无法发挥应有效果。现在无论是欠发达地区还是较发达地区都采取措施来保护稀缺市场资源。突出反映在招商引资的恶性竞争上。为了更好地招商引资，财政实力较强的地区对于营业收入等较高的企业或企业负责人在进出车站、机场以及子女入学等方面提供特殊待遇。国家要求养老保险缴费比率统一为16%以后，之前缴费比率较低的一些地区，为了避免企业转移，在提高缴费比率的同时，给予相关企业补贴以弥补因社保费率提升而增加的成本，造成地区间的不公平竞争。

四、建设全国统一大市场要构建有力有效的激励约束机制

在主权国家内部推进统一市场建设，不比在不同国家之间建立市场协议联盟更容易，在地方政府主体地位和赶超模式无法改变的体制背景下，建设全国统一大市场必须找好突破口，建立有效的工作抓手。要坚持目标导向和问题导向，立破并举，完善激励约束机制，稳步有序地推动全国统一大市场建设。

（一）破除不当干预市场行为，动态发布市场干预行为禁止清单

广泛建立面向市场主体的意见征集、投诉、举报、清单动态调整等制度，分立即废除和限期整改两类，推进解决妨碍全国统一大市场建设的不当市场干预和竞争行为。

一是持续开展政府采购、招标投标等重点领域专项治理。清理各类限制外地企业、民营企业、中小企业参与市场竞争的不合理规定，破除指定施工单位、指定代理机构等现象，破解建筑等行业跨区域工程承包难题，促进不同所有制、不同规模、不同地区的企业公平参与市场竞争。

二是改进政府补贴、税收优惠等政策。平等对待各类市场主体，促进区域间竞争从拼优惠政策进一步转向拼营商环境。

三是细化企业变更政策要求。推动各地统一下辖区域在企业

注册方面的条件要求，充分利用跨部门数据共享机制，减少重复提交重复申办。

四是加强监管执法过程中的上下联动与部门协同。进一步推动检查结果共享互认，推进综合执法，减少非必要检查与重复检查。

（二）明确统一市场建设的导向要求，研究制定全国统一大市场标准指引

明确标准规则统一、规划监管统一、基础设施互联互通等目标，对地方及行业推进统一市场建设提供指引。

一是深入推进要素市场化配置改革。建立健全统一开放的要素市场体系，持续深入推进要素价格市场化改革，创新要素市场化配置方式，运用人工智能、大数据等先进技术率先实现土地、技术、数据等要素交易一张网，畅通要素资源自由有序流动和高效配置。

二是加快推进现代流通体系建设。以提高流通效率、降低物流成本为目标，从基础设施建设、供应链优化、业态创新、标准制定、新技术推广等方面优化流通体系各环节，提高物流规模化、标准化水平，促进信息互联互通，确保流通体系高效运转，推进流通体系现代化。

三是营造公平竞争的市场环境。进一步增强公平竞争审查制度刚性约束，加大妨碍统一市场形成的法律法规清理力度和速度，建立与高标准市场体系相匹配的反垄断和反不正当竞争的法制体系，打破产品要素流动壁垒。

四是以消费的提档升级来促进市场多样化。进一步放宽服务业市场准入限制，以要素市场化配置等改革试点为契机，推动消

费融合发展，让消费需求带动供给能力提升，形成需求与供给的良性循环。

（三）鼓励推进区域市场一体化示范建设，以区域一体化推动全国统一大市场建设

在维护全国统一大市场的前提下，鼓励有条件的地区开展区域市场一体化示范建设，深入推进区域一体化发展，打造破除区域市场封锁的重要空间载体。

一是提高政策规则一致性。以区域重大战略为依托，以打造区域节点为支撑，深化行政审批“放管服”改革，持续优化营商环境，加快建设跨区域市场准入服务系统，构建跨区域商品要素市场化配置规则体系，营造区域经济发展无差异政策环境。

二是推动区域发展协同性。鼓励建立区域政府合作治理联盟，编制跨区域市场建设和发展规划，促进跨区域产业链协同互补，推动区域市场的基础设施合作，构建区域统一要素市场。

三是强化监管执法衔接性。推进跨地区的市场监管联合执法、行政审批互认互通，加强立法建设，打破行政区域界限，推动重大区域内部和重大区域之间的市场一体化，最终形成全国统一大市场。

参考文献

郭丽岩. 全面推动我国市场由大到强转变[J]. 经济, 2022(5).

刘志彪. 建设国内统一大市场:影响因素与政策选择[J]. 学术月刊, 2021(9).

银温泉, 才婉茹. 我国地方市场分割的成因和治理[J]. 经济研究, 2001(6).

周黎安. 晋升博弈中政府官员的激励与合作——兼论我国地方保护主义和重复建设问题长期存在的原因[J]. 经济研究, 2004(6).

第十章　我国统一大市场建设进展量化评价研究

内容提要：加快建设全国统一大市场是构建新发展格局的基础支撑和推动我国市场由大到强转变的有力保障。本章结合当前构建国内统一大市场的方向，在明确国内统一大市场的内涵的基础上，从生产、流通、消费、分配等环节构建市场统一性评价指标，开展全国统一大市场建设进展的量化评估。研究发现，我国统一大市场建设取得积极进展，在整体向好的基础上，一些重点领域和关键环节仍然存在不少障碍需要大力破除，突出表现在：产业分工有待进一步优化，流通体系在支持实体经济、畅通经济循环方面还存在短板，要素市场取代商品市场成为市场分割的重点领域。建议以破除准入壁垒、推进互联互通、畅通要素流动、提升监管效能为重点，打破地方保护和市场分割，促进商品和要素自由有序流动、平等交换，推动形成一体化市场规则制度标准，优先推进区域一体化发展，促进全国统一大市场建设。

全国统一市场，是指在全国范围内，在社会分工和商品经济发展基础上形成的各地市场相互依存、优势互补、整体协调、开放高效、通达顺畅的市场体系；其核心特征是市场封锁、地方保护等现象基本消除，商品和要素资源能够依据经济规律和统一市场规则在全国范围顺畅流动和优化配置。党的十九届五中全会审议通过的《中共中央关于制定国民经济和社会发展第十四个五年规划和二〇三五年远景目标的建议》，作出了畅通国内大循环，形成统一大市场等重要部署。这对于新时期推动高质量发展、开启全面建设社会主义现代化国家新征程，具有重要意义。

一、引　言

习近平总书记强调，“市场资源是我国的巨大优势，必须充分利用和发挥这个优势，不断巩固和增强这个优势，形成构建新发展格局的雄厚支撑”。建设全国统一大市场是党中央着眼于国内外发展大局和我国比较优势变化审时度势作出的重大决策部署，是构建新发展格局的基础支撑和推动我国市场由大到强转变的有力保障。改革开放特别是党的十八大以来，我国不断深化社会主义市场经济体制改革，调整完善政府和市场的关系，在推动经济社会保持较快发展的同时，国内市场也由量的积累迈向质的飞跃，超大规模市场和内需潜力逐步成型，为加快建设全国统一市场奠定了基础条件。

统一市场建设不是新任务，但新形势新任务提出了新的更高要求。自党的十四届三中全会提出建立统一开放、竞争有序的市场体系以来，我国开展了一系列市场治理行动，在打破市场分割和区域封锁、建设统一市场方面取得长足进展，商品和要素的跨区域流动明显增强，京津冀、长三角、大湾区等区域市场一体化加快推进。但受地方发展和部门利益等因素影响，市场封锁和地方保护依然存在且更为隐蔽，部分领域和环节还比较突出，超大市场推动供需高效对接、实现资源优化配置、促进分工激励创新等未能有效释放。党的十九届五中全会提出要形成“高效规范、公平竞争的国内统一市场”。中央财经委员会第八次会议强调“要加快完善国内统一大市场，形成供需互促、产销并进的良性循环”。可以看出，全国统一大市场建设不仅限于传统意义上的商品要素跨区域流通，还要“能够在更大范围把生产和消费联系起来，扩大交易范围，推动分工深化，提高生产效率，促进财富创造”，使建设超大规模的国内市场成为一个可持续的历史过程。

当前全国统一大市场进入全面推进阶段，为更好地分析研判我国统一大市场建设存在堵点断点的重点领域和关键环节，基于全国统一大市场的内涵特征，结合当前建设全国统一大市场的主攻方向，构建衡量全国统一大市场建设进程的指标体系，对全国统一大市场建设进展和演化趋势开展量化评估，以期为精准施策推进全国统一大市场建设提供决策参考。

二、相关文献综述

（一）内涵特征

已有研究对于统一市场的概念进行了大量的研究探讨，重点突出市场促进专业化分工、支撑商品要素顺畅流动和优化配置等方面特征。例如，韩俊和任兴洲（2013）提出，“全国统一市场是指在全国范围内，在社会分工和商品经济发展基础上形成的各地市场相互依存、优势互补、整体协调、开放高效、通达顺畅的市场体系；市场封锁、地方保护等现象基本消除，商品和要素资源能够依据经济规律和统一市场规则在全国范围顺畅流动和优化配置”。李丹（2021）认为，“全国统一大市场”的“统一”包括三方面内涵，即空间上商品和要素可以跨区域跨行业自由流动，时间上顺畅流动应具有较强的稳定性，价格上地区间应具有较小的价格差异。考虑到价格是配置资源的重要信号，以上两种观点本质上具有一致性。

（二）统计测度

在厘清概念的基础上，许多学者从不同角度对统一市场建设进展或市场分割程度评价进行了量化研究。从研究方法来看，主要包括生产法、贸易法、价格法等。从经济循环畅通的角度来看，这些评价方法又可以分为生产法、流通法、消费法、收入法等四种方法。

一是生产法，即从生产角度，使用地方专业化和产业集中情况来测度市场壁垒。采用生产法测量市场分割的基本假设是，地方保护和区域壁垒阻碍资源自由流动和优化配置，导致地方专业化程度和产业集中度降低，导致地区间的经济结构、产业结构趋同，同质化恶性竞争加剧。白重恩等（2004）对此进行了深度探讨，采用地方各行业产出占比构建Hoover地区化系数来反映地方专业化水平，显示我国区域产业专业化程度在1985—1997年间有较大提升。

二是流通法，即从流通视角，根据区域之间贸易情况来评价商品流动壁垒。现有研究主要通过运用引力模型、边界效应模型等，分析地区间的贸易量、贸易强度和贸易结构来考察地方保护和市场分割状况。若存在地方保护和市场分割，则区域间的贸易流量低于无贸易壁垒情况下的水平，且两者偏差越大，市场分割程度越高。如果各地区间的贸易流量和贸易比重有所增长，则市场一体化的趋势得以加强。

三是消费法，即从消费者视角，来分析商品跨区域销售的价格差异及其变动情况。由于主要聚焦价格差异，一般也称为价格法。采用消费法衡量市场分割的基本假设是“两地一价”，即如果没有运输费用和贸易壁垒等因素影响，同样的商品在不同地方的售价应该相同。若市场一体化程度提高，市场分割程度下降，则商品价格的变异系数和边界效应缩小，价格在统计上存在趋同现象。价格法的优点在于商品价格变动中包含较多信息，既可考察产品市场整合程度，也可考察要素市场整合程度。统计数据齐全使其成为当前开展市场分割测度的重要分析方法。

四是收入法，即从分配视角，根据要素参与收入分配的情况来测度要素市场跨区域流动和优化配置的程度。收入法与消费法的原理类似，即如果不存在市场壁垒且要素可自由流动，则同一类要素在不同地区的同一行业参与生产经营应得到相近的收入水平。因此，可以使用相对价格法来衡量要素市场价格的区域差异。韩帅帅和孙斌栋（2019）利用2004—2014年19个行业在岗职工的平均工资数据，采用相对价格法构造劳动力市场的分割指数，显示我国劳动力市场分割经历了“在波动中趋于整合”的过程，且分割程度存在地区分化，从东部向中西部地区逐渐增强。

总的来看，现有文献较多地使用价格法来分析商品、要素市场价格的区域差异，也有部分文献从生产、流通等方面进行评价，事实上关注的是经济生产、分配、流通、消费不同环节，这些环节共同构成完整的国民经济循环。考虑到市场循环的堵点断点可能出现在任何环节，有必要在分项评价基础上进行综合评价，形成涵盖专业化分工、商品要素自由流动和优化配置等内涵特征的完整图景。

三、评估体系构建

本章主要使用两种方法来评价市场一体化进程。其中，产业分工和商贸流通方面使用地方专业化指数，通过评价整体及流通行业的地方专业化程度，来测度地方保护和市场分割情况。消费和分配环节，使用相对价格方差指数，通过不同地区商品和要素市场的价格一致性程度来评价市场分割情况。在此基础上，综合形成总的评价指标。

（一）地方专业化指数

参照白重恩等（2004）、樊福卓（2007），采用Hoover地方化系数构建地方专业化指数，即计算出每个行业中各地区的产出比重，然后与各地区全部产出的比重进行比较。具体测算过程如下。

第一步，计算区位熵，即各地区在各行业的相对比重。公式如下。

$$L\_Output_{ij} = \frac{Output_{ij}/Output_i}{Output_j/Output} \quad (1)$$

其中，$Output_{ij}$是行业i在地区j的产出，$Output_i$是行业i的总产出，$Output_j$是地区j的总产出，$Output$是全国总产出。如果

L_Output_{ij}大于1，那么地区j在行业i中所占比重超出地区j总产出占全国总产出的比重。

第二步，给定行业i在所有地区的份额，并进行降序排列，以行业i在各地区产出的累计百分比来构造帕累托分布曲线，曲线与45度直线构成的区域面积与曲线所在三角形面积的比值就构成Hoover地区化系数。Hoover系数取值范围为［0，1］，取值越低则曲线越接近均匀分布对角线，地方专业化程度越低。反之，取值越大则产业区域分布与均匀分布差距越大，地方专业化程度越高。

第三步，对行业层面的地方专业化指数进行综合集成，从而得到地方专业化指数。综合集成一般有等权重和加权平均两种方式，两种方式得到的度量尽管取值上有区别，但整体趋势高度一致，因此这里选取简单平均的方式来计算地方专业化指数。

此外，考虑到度量流通环节的地方保护和市场壁垒的数据较难获取，且度量方法存在一定争议。这里采用交通运输、仓储和邮政业的Hoover系数，从地方流通行业发展的角度予以间接度量。指数取值与统一大市场建设进展正相关，且取值范围为0到1。

（二）经调整的相对价格方差指数

由于市场壁垒作用最终将反映在区域价格差异中，且商品、劳动力、资本市场的价格指数统计数据易于获得，测算采用认可度较高的相对价格法。具体测算过程如下。

第一步，分别计算各省份各类商品（或劳动力、资本，下同）的相对价格$|\Delta Q_{ijt}^{k}|$。考虑到现实统计过程中对商品零售价格的统计是一个环比指数，采用一阶差分就可以利用环比价格指数来计算相对价格，因此计算时采用一阶差分形式，即：

$$\left|\Delta Q_{ijt}^{k}\right| = \left|\ln\left(P_{it}^{k}/P_{jt}^{k}\right) - \ln\left(P_{it-1}^{k}/P_{jt-1}^{k}\right)\right| = \left|\ln\left(P_{it}^{k}/P_{it-1}^{k}\right) - \ln\left(P_{jt}^{k}/P_{jt-1}^{k}\right)\right| \quad (2)$$

其中，k表示产品种类，i、j表示地区，t表示年份，计算最后取绝对值主要是考虑到取对数形式后地区i和地区j价格的分子分母位置调换将引起相对价格ΔQ_{ijt}^{k}符号的变化，而取绝对值则可以回避该问题。

第二步，剔除产品种类效应。某种商品在两地的价格变动可能由两部分因素引起，一是商品本身的特征；二是和商品特征无关，而和地区的市场环境有关，例如贸易壁垒等，在衡量市场分割程度时就需要剔除第一种因素的扰动。为此，采用固定效应的做法，通过去除同年份该类商品均值的方式来实现对第一种因素的剔除，计算后的实际相对价格变动为：

$$q_{ijt}^{k} = \left|\Delta Q_{ijt}^{k}\right| - \left|\overline{\Delta Q_{ijt}^{k}}\right| \quad (3)$$

其中，$\left|\overline{\Delta Q_{ijt}^{k}}\right|$表示给定时间t和产品种类k，$\left|\Delta Q_{ijt}^{k}\right|$为两两地区之间的平均值。

第三步，计算地区的i市场分割程度lms_{it}^{k}。地区i的地方壁垒可以表示为地区i同所有其他地区相对价格方差的均值，即：

$$lms_{it}^{k} = \frac{\sum_{j=1,j\neq i}^{N} var(q_{ijt}^{k})}{N-1} \quad (4)$$

其中，$var(q_{ijt}^{k})$为q_{ijt}^{k}的方差，反映由市场分割所导致的套利区间，即k类产品市场的价格波动范围，$var(q_{ijt}^{k})$越大，套利区间越大，市场分割程度越大。按年份将上述市场分割指标值进行平均，可以得到全国层面的市场分割指数。

在此基础上，考虑到相对价格指数与统一大市场建设负相关，且取值范围为0到无穷大，难以与其他指标直接综合。为此，构建经调整的相对价格方差指数，其计算公式为：

$$lms_{it}^{k*} = \frac{1}{lms_{it}^{k} + 1} \quad (5)$$

调整后的指标与统一大市场建设进展正相关，且取值范围为0到1。

（三）统一大市场建设综合指数

在对生产、分配、流通、消费不同环节的市场统一性评价的基础上，对各分项指数进行综合，以得出综合评价。其中，生产环节使用地方专业化指数，流通环节使用交通运输、仓储和邮政业指数，消费环节使用商品市场经调整的相对价格方差指数，分配环节使用劳动力和资本市场经调整的相对价格方差指数的均值。对分项指数求和，得到综合指数，其取值范围为0到4之间，且取值越大，意味着统一大市场建设进展越明显。

四、评估结果分析

选择2000—2019年的《中国统计年鉴》所发布的各地方分行业国内生产总值数据来计算地方专业化指数。相对价格指数使用刘志彪、孔令池（2021）对商品、劳动力和资本市场测算结果并根据前述的公式（5）进行再计算，得到经调整的相对价格方差指数。经过分析，可以得出我国统一大市场建设的整体情况和结构性特征。

（一）综合指数震荡上行，全国统一大市场建设取得积极进展

根据测算，2000—2019年，统一大市场建设的综合指数震荡上行，取值从1.37增至1.72，期间增幅达25.8%，表明我国统一大市场建设取得积极进展。从演化历程来看，综合指数在整体上升的同时，也经历了两次大幅回撤。第一次是2007—2009年，遭受金融危机冲击后，综合指数从1.73跌至1.39，基本抹平了2000年以来的全部涨幅。第二次是2018—2019年，随着外部环境发生深刻变化，综合指数从1.91跌至1.72，几乎回到2007年的水平。具体参见图10-1所示。

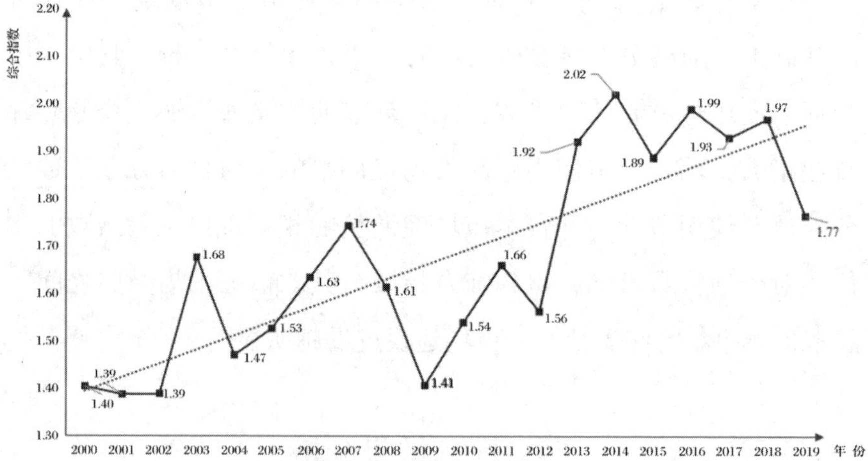

图10-1　统一市场建设综合指数走势（2000—2019年）

资料来源：根据各分项指数计算综合指数后绘制，虚线为趋势线。

分环节来看，生产、分配、流通、消费各环节对综合指数提升的贡献存在较大差异。2000年各分项评价指标得分均在0.3到0.4

之间，到2019年，商品市场指数提升一倍至0.82，对推动综合指数提升的贡献最大。生产环节也有增量贡献。相反，流通和分配环节指数出现回撤，对综合指数提升形成拖累。在现阶段，产业分工、商贸流通、收入分配已成为我国统一大市场建设的突出短板。具体参见表10-1所示。

表10-1 生产、分配、流通、消费各分项指数对提升综合指数的贡献度

类别	初值（2000年）	终值（2019年）	提升幅度	对提升综合指数的贡献度（%）
产业分工	0.33	0.34	0.01	3.5
收入分配	0.30	0.28	–0.03	–7.7
商贸流通	0.34	0.29	–0.05	–13.2
商品消费	0.40	0.82	0.41	117.3

资料来源：根据生产、分配、流通、消费各环节指数计算综合指数后绘制。

（二）地方专业化指数增幅有限，产业分工有待持续优化

从地方专业化指数看，区域分工程度历经两轮升降周期，在波动中缓慢上行。

第一周期从2000年到2014年，其中2000年到2007年处于产业分工深化阶段。加入世界贸易组织后，各地均不同程度地增加了与国外市场的联系，形成了一定程度的产业聚集，表现在指标上，我国地方专业化指数从0.326增加到0.358。2008年下半年后，金融危机突袭全球，对世界各国经济造成冲击，各国纷纷出台经济刺激政策。受国外经济波动影响，我国也采取了应对措施刺激经济稳步发展，推动地方专业化指数进入下行周期，并一直延续至2014年，指数从0.358的峰值降至0.335。

第二周期的上行通道从2015年开启。这一年召开的党的十八届五中全会提出要完善法治化、国际化、便利化的营商环境，打破地方保护和市场分割作为优化营商环境的重要内容得到高度重视。2016年《国务院关于在市场体系建设中建立公平竞争审查制度的意见》印发实施，通过规范政府有关行为，防止出台排除、限制竞争的政策措施，逐步清理废除妨碍全国统一市场和公平竞争的规定和做法，为建设全国统一大市场提供了制度保障。该轮上行周期因2018年美国挑起贸易摩擦，外部环境遭到破坏而提前终止。

分产业来看，三次产业在地方专业化指数走势上也存在明显分化。其中，第一产业指数呈“震荡下行”趋势，反映出农业市场化程度低，区域比较优势不明显。第二产业指数呈“周期波动”态势，且震荡幅度较大，趋势变化节点与经济冲击时点基本一致，表明第二产业受冲击较大，受冲击后政府的调控程度较深。第三产业指数提高至一定水平后保持小幅震荡。具体参见图10-2所示。

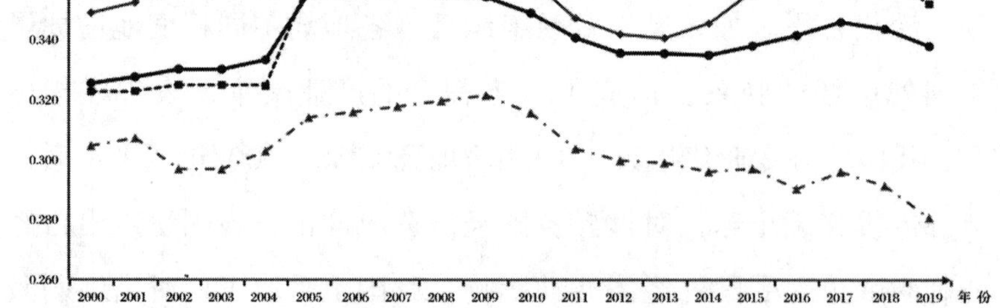

图10-2　整体与分产业地方专业化指数走势（2000—2019年）

资料来源：根据《中国统计年鉴》地方生产总值测算结果绘制。

（三）流通环节存在明显堵点，深化循环畅通还有较大空间

循环畅通是统一大市场建设的根本特征，而市场循环不仅需要基础设施支撑，还需要有市场主体等专业化实体来推动，主要表现为推动商贸流动的交通运输、仓储和邮政业，以及实现资金融通的金融业的发展。

从行业层面的地方专业化指数来看，金融业的地方专业化指数始终处于较高水平，均值达到0.405，在有较详细数据统计的9个行业中排第二，表明地区间的市场竞争性较强，金融资源高度集聚在优势地区。交通运输、仓储和邮政业的地方专业化指数偏低，均值为0.319，排倒数第二，表明交通运输、仓储和邮政业的市场竞争性较弱。具体参见表10-2所示。

表10-2　部分行业地方专业化指数描述性统计

序号	行业	地方专业化指数		
		均值	最大值	最小值
1	房地产业	0.441	0.460	0.394
2	金融业	0.405	0.468	0.372
3	批发零售业	0.384	0.412	0.326
4	工业	0.381	0.406	0.353
5	其他服务业	0.355	0.393	0.295
6	住宿餐饮业	0.348	0.390	0.315
7	农林牧渔业	0.327	0.420	0.284
8	交通运输、仓储和邮政业	0.319	0.351	0.292
9	建筑	0.290	0.312	0.267

资料来源：根据《中国统计年鉴》地方生产总值测算结果绘制。

从演化趋势来看，一方面，金融行业的地方专业化指数初期上涨，至2008年金融危机爆发后下跌，且与工业走势一度发生背离。加入WTO后，我国逐步取消对外资银行外币业务、人民币业务、营业许可等方面的限制，金融行业的市场竞争性明显提升，金融资源顺畅流动并加速向优势地区集聚，区域分布差距持续拉大，地方专业化指标从2002年的0.394一路涨到2007年的0.468。与此同时，工业的地方专业化指标也稳步上升。

需要注意的是，2005年金融资源的区域集聚程度上行的同时，工业集聚趋势逐渐受到抑制，可能与同时期金融行业空转引发市场泡沫、金融资源要素失衡错配有关。

2008年金融危机后，各地纷纷出台强化金融监管的政策举措，加大政府调控力度，推动金融业回归服务实体经济的本源，金融行业过度集聚的状况有所缓解，工业相关指标也逐渐扭转下行趋势。

具体参见图10-3所示。

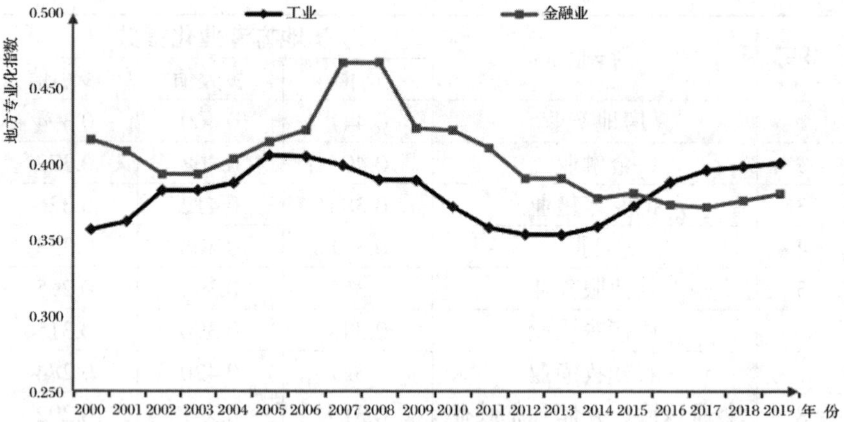

图10-3　金融业、工业的地方专业化指数走势（2000—2019年）

资料来源：根据《中国统计年鉴》地方生产总值测算结果绘制。

另一方面，货物流通行业的地方专业化指标呈持续下降趋势，未形成具有明显优势的地区，表明相关行业领域的地方保护和市场分割问题仍然存在且趋于恶化。考虑到当前关卡障碍等硬壁垒已基本消除，指数低位运行也表明可能存在更多隐性壁垒。相关举措把大市场分割成一个个地方小市场，阻碍了跨区域大型流通企业的形成和发展。

流通行业壁垒也阻碍了关联行业的分工优化。以批发零售业为例，从产业链传导来看，批发零售业充分竞争、稳步发展是商贸流通功能作用实现的重要方式，数据显示批发零售业的指数整体处于较高水平，表明行业经区域分化初步形成了一些有影响力的优势地区。但从演化关系来看，交通运输、仓储和邮政业的地方专业化指标下行也一定程度地拉动了批发零售业的指数下行，表明流通行业的堵点断点可能成为上下游产业链分工优化的重要短板。具体参见图10–4所示。

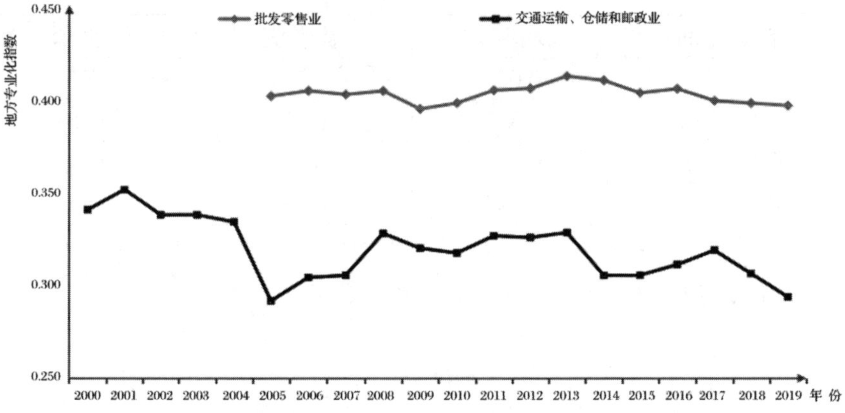

图10–4　流通行业与批发零售业的地方专业化指数走势（2000—2019年）

资料来源：根据《中国统计年鉴》地方生产总值测算结果绘制。由于关于批发零售业的独立统计数据自2005年才开始发布，图中曲线也从此时开始绘制。

（四）商品市场高度整合，要素市场成为统一市场建设的主要短板

商品消费和要素配置是实现经济效益的重要环节。随着“放管服”改革持续深化、体制机制不断完善、电子商务等消费新模式新业态快速发展，地方政策更统一、营商环境更优化、市场竞争更公平，商品市场日趋成熟，更多产品在更多销售地区实现同品同价，对推动统一市场建设发挥了重要促进作用。从指标上来看，2000—2019年间，商品市场经调整的相对价格方差位于0.34至0.86之间，均值0.62，表明不同地区的商品市场价格变动趋于一致。考虑到指数最大可能值为1，目前各地区的市场商品价格变动已基本一致。具体参见表10–3所示。

表10–3　商品、劳动力、资本市场经调整后的相对价格方差描述性统计

市场类别	均值	最小值	最大值
商品市场	0.62	0.34	0.86
劳动力市场	0.34	0.20	0.56
资本市场	0.45	0.21	0.74
要素市场	0.39	0.28	0.56

资料来源：根据刘志彪、孔令池（2021）数据计算后绘制。其中，商品市场指标选取各省份粮食类等10类商品环比价格指数计算，劳动力市场指标使用各省份环比工资指数计算，资本市场指标使用固定资产投资环比价格指数计算。

与商品市场不同，要素市场作为全国统一大市场的重要组成部分，要素自由有序流动还存在明显梗阻。从平均水平来看，劳动力市场指数均值为0.34，约为商品市场指数水平（0.62）的一半；资本市场为0.45，也远低于商品市场指数水平，反映出要素市

场的地区间套利空间较大，要素跨区域流动还存在较大障碍。从走势来看，要素市场指数呈现“M”形振荡走势，上行缓慢而回撤迅速，表明要素跨区域流动可能存在临时性政策干预等冲击性影响。整体来看，要素市场一体化水平未能走出震荡走势。具体参见图10–5所示。

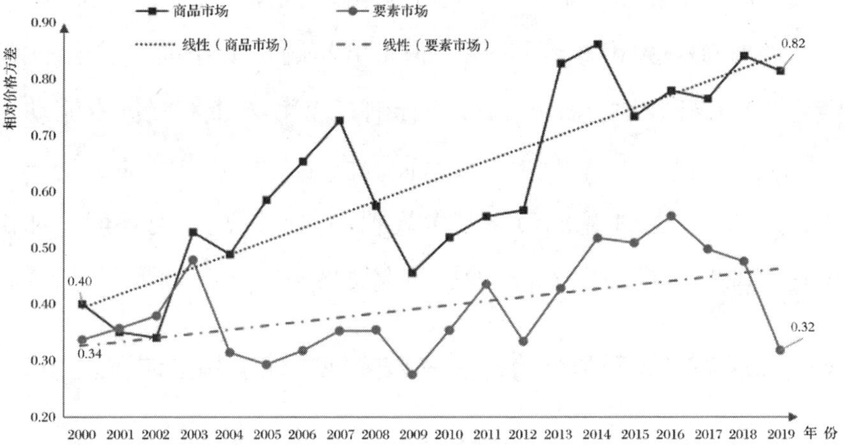

图10–5　商品和要素市场经调整后的相对价格方差指数走势（2000—2019年）

资料来源：根据刘志彪、孔令池（2021）数据计算后绘制，虚线为趋势线。

五、结论与政策建议

本章采用2000—2019年统计数据，从专业化分工、顺畅流动和优化配置等角度，对全国统一大市场建设进展和演化趋势开展量化研究。研究发现，我国统一大市场建设已取得积极进展，主要表现在产业分工更加优化，流通效率稳步增强，商品市场基本实现统一，要素市场顶层设计也在持续完善。在整体向好的基础上，一些重点领域和关键环节仍然存在不少障碍需要大力破除。时间上，当经济发展遭受冲击，统一市场建设面临停滞甚至可能出现回撤。空间上，区域产业分工优化进度较慢，超大市场的产业集聚效应未能充分发挥。分行业来看，商贸流通、资金融通等流通领域在支持实体经济、畅通经济循环方面还有较大空间。分市场领域来看，要素市场成为统一大市场建设的重要短板。

针对统一大市场建设存在的突出问题，要坚持“全国一盘棋”，着力打破地方保护和市场分割，以市场准入、自由流动、互联互通、高效监管等为重点，促进商品要素自由流动、平等交换，推动形成一体化的市场制度规则，营造一流营商环境，加快建设全国统一大市场，推动形成新发展格局。

（一）规范市场干预行为，坚决破除地方保护和区域壁垒

一是跳出认识误区。鼓励各地方各部门着眼全局、服从大局，全面落实中央关于建设全国统一大市场的总体要求和战略部署，正确认识和把握建设全国统一大市场的国内大循环在新发展格局中的重要定位，坚决破除不关心建设全国统一的大市场、畅通全国大循环，只考虑建设本地区本区域小市场、搞自己的小循环的错误认识和做法。

二是消除政策歧视。围绕财税优惠和监管执法、招投标和政府采购、市场准入和退出、市场垄断和不正当竞争等重点领域和关键环节，持续清理和废除妨碍全国统一市场和公平竞争的各种规定和做法。严禁各类违法性地实行优惠政策的行为，大力消除因地方招商引资而恶性竞争的现象，促进区域竞争从拼政策转向拼营商环境。

三是统一监管执法。强化反垄断和反不正当竞争执法司法，建立与全国统一大市场建设相匹配的反垄断和反不正当竞争的法治体系，在立法、司法、执法中强化竞争政策的基础性地位。加强监管执法过程中的上下联动与部门协同，进一步推动检查结果共享互认，推进综合执法，减少非必要检查与重复检查。

（二）深化要素市场化改革，促进要素在更大范围优化配置

一要推动形成全国统一的要素市场。梳理要素跨区域自由流动的制度性因素，消除要素跨区域优化配置的制度鸿沟，优化要素区域流动的制度环境和政策环境，形成全国统一、规范有序、自由流动的要素市场。搭建跨区域要素市场一体化平台，加快推进自然资源、资产股权、环境权、数据权等要素资源纳入公共资源交易平台范围，运用人工智能、大数据等先进技术率先实现土地、技术、数据等要素交易一张网。

二是深入推进要素价格市场化改革。加快纵深推进生产要素价格市场化改革。有序推进劳动力、资本、土地、知识、技术、管理、数据等生产要素价格的市场化改革。有序推进要素形成机制改革，稳步有序地形成真实反映市场供求关系的市场化要素价格体系，发挥市场价格竞争性、高效率配置资源的信号、激励、导向作用。

三是健全要素市场一体化运行机制。建立统一规范的制度体系，形成标准规则统一、要素自由流动、高效有序运转的开放市场。深化产业用地“标准化”出让方式改革，增加混合产业用地供给，探索不同产业用地类型合理转换。深化户籍制度改革，全面落实人才横向和纵向流动性，破除人才流动障碍。加快技术要

素与资本要素融合发展，提高要素边际生产力。深化国有企业和国有金融机构改革，确保各类所有制市场主体平等获取要素。

（三）加快建设现代流通体系，构筑顺畅流动的便捷通道

一是大力加强流通主体建设。提高流通运行的质量和效率，关键是要加强流通主体建设，培育一批具有国际竞争力的现代流通企业。要鼓励流通企业通过连锁经营等方式，降低成本，提高流通效率。加强流通企业信息化建设、品牌化建设，鼓励流通企业强强联合，培育一批大型流通骨干企业。

二是推进基础设施互联互通。流通基础设施建设是现代流通的重要保障。要完善交通骨干网络、物流枢纽、冷链基地等方面的传统基础设施建设，加强5G基站、人工智能、工业互联网等方面的新型基础设施建设。从标准制定、人才培养、供应链优化、业态创新、新技术推广、市场营销等方面优化流通体系各环节，确保流通体系高效运转，促进物流相关信息互联互通。

三是稳步推进金融业供给侧结构性改革。要重点围绕解决资金“脱实向虚”或在金融体系内空转、小微企业和民营企业融资难融资贵等突出问题，切实提升金融服务实体经济的能力和动力，畅通金融服务实体经济渠道，优化融资结构和金融机构体系，为实体经济发展提供更高质量、更有效率的金融服务。

（四）深入推进区域一体化发展，促进全国统一大市场建设

一是优化产业分工格局。在维护全国统一大市场的前提下，理清区域之间利益关系，鼓励地方政府把发展思路和视野放在大区域甚至是全球范围，立足不同的要素供给结构和市场需求结

构，强化产业分工协作和错位发展。加强作决策规划合作，实现招商引资政策、财税政策、土地政策、开发区政策、金融政策、环境保护政策等政策一体化，避免出现重复建设和过度竞争等问题。搭建企业合作平台，实现从短期的项目合作模式逐步转向以价值链为基础的长期合作模式，构建功能清晰、分工明确、衔接紧密、优势互补的产业分工体系。

二是深化要素资源共享。统筹调度各类资源，优化配置生产要素，加速区域经济、社会的融合。加强职能部门的信息合作，定期公开发布经济数据，进行内部数据交换，提升信息工作质量。建立公共信息服务平台，对区域开放。共同投资、建设和管理重要交通枢纽，统一规划和设计主干线路。以区域为主体实行跨省区公共设施、公益性流通设施建设的招商引资，以及投融资和运营管理。共同制定职业标准，加强技能人才职业资格鉴定互认，探索建立一体化的社会保险机制。

三是促进区域市场融合。鼓励各种不同所有制企业、不同经济成分的经济组织在区域内开展经济合作、相互投资参股，改善市场主体准入环境，提升区域投资贸易便利化水平。以区域重大战略为依托，加快建设跨区域市场准入等服务系统，构建跨地区的商品、要素市场化配置规则体系，完善跨地区的市场监管案件移送、执法协助、联合执法机制等，打破行政区划界限，推动区域内部和区域之间市场融合，最终形成全国统一大市场。

参考文献

白重恩, 杜颖娟, 陶志刚, 仝月婷. 地方保护主义及产业地区集中度的决定因素和变动趋势[J]. 经济研究, 2004(4).

樊福卓. 地区专业化的度量[J]. 经济研究, 2007(9).

桂琦寒, 陈敏, 陆铭, 陈钊. 中国国内商品市场趋于分割还是整合：基于相对价格法的分析[J]. 世界经济, 2006(2).

韩俊, 任兴洲. 建设统一开放竞争有序的市场体系——学习领会党的十八届三中全会精神[N]. 人民日报, 2013-11-20.

韩帅帅, 孙斌栋. 中国劳动力市场分割的时空演化[J]. 人口与经济, 2019(2).

李丹. 如何理解全国统一大市场的“统一”[N]. 学习时报, 2021-05-12.

刘志彪, 孔令池 .从分割走向整合：推进国内统一大市场建设的阻力与对策[J]. 中国工业经济, 2021(8).

吕冰洋, 贺颖 .迈向统一市场:基于城市数据对中国商品市场分割的测算与分析[J]. 经济理论与经济管理, 2020(4).

任兴洲, 王微, 王青等. 建设全国统一市场：路径与政策[M]. 北京：中国发展出版社, 2015.

苏剑, 邵宇佳, 陈丽娜. 中国市场一体化进程：趋势、成效与建议[J]. 社会科学辑刊, 2021(3).

行伟波, 李善同. 一价法则、地区价格差异与面板单位根检验[J]. 管理科学学报, 2010(4).

赵奇伟, 熊性美. 中国三大市场分割程度的比较分析：时间走势与区域差异[J]. 世界经济, 2009(6).

第五篇

高效能市场监管

第十一章　加快完善平台企业并购的反垄断规制

内容提要： 平台是数字经济的重要载体和实现形式，平台企业具有不同于传统行业的并购特点与竞争特征，既往经营者集中控制制度在平台企业并购规制上面临多重技术挑战。为进一步完善我国平台企业并购的反垄断规制制度和实践，结合欧美实践经验，建议进一步推动并购规制理念转变，加快完善平台并购申报标准，优化并购违法审查方式，不断完善与发展相适应的规制路径。

近年来，互联网平台企业通过收购、战略投资、商业合作等方式，扩展进入互补或关联领域，通过收（并）购实现生态化发展，导致市场集中度不断提升，寡头化趋势不断增强。快速发展的网络平台在为信息传播带来极大便捷的同时，也存在滥用市场支配地位排除限制竞争的倾向，有必要结合平台企业的并购特点和竞争方式，及时采取措施来完善经营者集中控制制度。

一、平台企业并购的典型模式与规制困境

既有反垄断规制理论的竞争分析始于市场界定与市场集中度的计算，在界定相关市场、计算市场份额后，在市场结构推定的基础上评估竞争损害。相较之下，平台企业实行数据驱动型并购、跨界并购、扼杀式并购等新模式，实行免费策略、跨界竞争、锁定效应等新技术特征，使反垄断规制遭遇多重挑战。

（一）平台企业并购不同于传统并购的典型模式

一是数据驱动型并购。随着用户资源数据化程度加深，数据信息在采集、存储、传输、处理、管理等方面越来越便捷，以数据驱动型并购等方式获取数据资源的活动受到较高关注。数据作为重要的生产要素，企业能够通过数据分析不断改善产品和服务质量进而吸引更多的消费者。这种数据驱动型的业务模式使企业获得正反馈式循环，新进入者很难与拥有大量用户的现有企业进行竞争。

二是跨界并购。随着基于互联网市场准入基准的降低以及资源共享范围的扩大，不同行业之间的竞争边界不断被打破，不同市场上的经营者跨界竞争的现象愈加频繁。平台企业在某一领域获得的垄断地位和竞争优势，可以通过绑定的用户资源传导至其他市场，成为跨界竞争者。跨界融合还会形成多元平台集群，在传导效应下关联形成平台集群的垄断力，通过“用户黏性”形成更强的锁定效应。

三是扼杀式并购。通过并购打击或消除竞争对手，也是平台企业巩固竞争优势、排除限制竞争的便捷手段。李勇坚和夏杰长（2020）发现，自数字超级平台兴起之后，大型平台就开始了大手笔收购，且很多是在与其主要活动相邻或重叠的空间中收购较小的创新公司，旨在消除潜在的未来竞争对手。还有研究发现，美国制药行业中6%的并购属于“扼杀式并购”，药企在并购创新公司之后，会停止创新公司相关竞品的开发，目的是消除潜在的竞争对手。

（二）平台企业并购的反垄断规制面临三大挑战

一是采用单一营业额作为申报标准导致漏报问题。关于申报标准，根据我国《反垄断法》相关规定，主要根据参与集中的经营者上一会计年度的营业额来确定。对于平台企业而言，采用营业额标准面临实施困境：平台企业初创期间为抢占市场份额，经常采用补贴性经营策略，容易导致企业营业额较低。例如，2015年、2016年“滴滴”先后并购“快的”和“优步”，尽管并购导致市场结构出现大幅调整，但因未达到规定的营业额申报标准而未进行申报，未经过反垄断审查。

二是跨界融合、免费策略、动态竞争等新特征使相关市场界定和市场势力识别变得困难。传统反垄断法中，在认定企业的市场支配地位前首先要界定“相关市场”，然后才能评估在这一市场范围内企业的市场力量、并购行为的竞争损害等。相关市场界定的关键是通过量价关系来考察产品的可替代性，而平台企业跨界融合、免费策略、动态竞争等新特征，给相关市场界定带来挑战。一方面，平台类型复杂多样、往往跨越多个业界、涉及多个市场，跨界融合增加了相关市场界定的难度。另一方面，“免费模式”作为互联网平台发展初期甚至很长一段时期普遍采用的生存方式，使基于量价关系分析的市场垄断地位认定方式失灵。而平台企业的技术创新、产品创意、数据流量等已超越价格、产量、市场份额，成为判断市场势力的关键性要素。

三是平台企业并购的竞争影响更趋复杂。一方面，现有研究从构建生态圈、创新商业模式、更好满足需求等角度，论证了并购的积极影响。平台型生态系统的商业模式的发展，使得更多的产业边界变得模糊，通过跨越不同领域、行业乃至文化、意识形态而碰撞出新的事物，也有利于获得基于用户的范围经济和规模经济优势。平台企业可以通过挖掘用户需求和创造用户需求，锁定用户、利用创新技术开发市场、创新商业模式以吸引风险投资等方式来实现颠覆性创新。互联网平台型企业通过合并组成战略联盟，实现优势互补和资源共享，其规模不断扩大，使得网络效应的功能发挥得更加淋漓尽致。另一方面，一些研究侧重于对其强化市场势力、传导垄断地位等进行探讨，比如产业链融合使优胜者更容易实现“赢者通吃”。

二、平台企业并购反垄断规制的国际经验做法

从全球反垄断视野来看，反垄断执法机构强化在互联网与数字化领域的调查与执法是大势所趋。欧美等发达国家和地区纷纷加快反垄断执法探索，形成了一些适用于平台并购反垄断规制的有益经验，具有借鉴意义。

（一）优化并购规制目标

欧美并购审查经历了从结构主义向行为主义、创新导向的转变。

一方面，并购审查注重分析对竞争的影响。美国在《克莱顿法》第七部分提出，要禁止“可能实质性减少竞争或倾向于创造一个垄断者”的合并。近年来，欧洲也逐步向美国靠拢，欧盟理事会2004年通过《关于企业间集中控制的第139/2004号条例》，对并购审查进行重大改革，确立“严重损害有效竞争”（Significantly Impedes Effective Competition，SIEC）的实体审查标准。新条例从基于结构的分析转向基于效果的分析，更加强调并购对市场竞争而不是市场结构的影响。

另一方面，创新成为反垄断的重要价值取向。相关理论与实践的发展推动反垄断工作由关注静态配置效率转向关注动态效率，肯定了市场适度集中对创新的正向促进作用。例如，美国在反垄断规制上以保护创新、促进竞争、保护消费者福利为目标，重视互联网平台在推动技术创新方面发挥的重要作用。

（二）调整审查申报标准

在“免费模式”“烧钱补贴”等策略下，平台经济领域一些对市场竞争产生重大影响的并购案件常常因参与交易的经营者的营业额不达标而回避了并购审查。例如，Meta（原Facebook公司）2014年斥资190亿美元收购即时通信软件瓦次普时，后者营业收入刚突破1020万美元，但活跃用户数达4.5亿，每天处理320亿条信息。针对这种情况，2016年欧盟对调整以营业额为计算依据的并购审查申报门槛征求公众意见时，考虑补充加入交易金额等指标，以综合判断一项交易是否应该进行并购申报。德国在2017年第9次修订《反限制竞争法》时增加了“交易额条款”，规定只要交易金额（收购价）超过一定标准，而且企业在德国境内有重大经营活动的，也需要进行经营者集中申报。这一做法值得参考，特别是针对平台经济领域动辄数十亿甚至数百亿元人民币的收购，使用交易额标准能够有效解决“互联网+”企业因营业额偏低而无法反映其真实市场势力的困境。

（三）完善相关市场界定

明确界定相关市场是评估交易竞争损害的重要工具之一，但不是评估竞争损害的必要前提。在2010年以前，美国横向合并竞争影响分析的第一步就是界定相关市场，通过测算市场集中度等方式来评估竞争损害。但是，市场集中度并不反映合并后实体把产品价格提高到竞争水平之上的能力和动力。在理论上来说，执法机构如果有足够的证据可以直接认定合并交易的竞争损害，则没有必要再进行相关市场的界定。美国在2010年的《横向合并指南》中明确，并购审查的竞争分析并不必然从界定市场开始，这一做法也向纵向合并竞争审查扩散。实践中，由于能直接表明并购竞争损害的证据并不多见，执法机构往往仍需界定相关市场，只不过在理论上不具有绝对必要性。

（四）关注新型竞争方式

在分析并购的竞争损害程度时，欧美开始将流量、算法、数据等新要素对产业发展的影响，纳入对市场结构、产业环境、产业创新性等分析结构之中。

一是警惕垄断地位跨界传导。欧盟采取同一主体多案并行调查的方式，比如针对谷歌滥用其安卓操作系统在移动领域的市场支配地位、滥用搜索引擎市场的支配地位操纵购物搜索结果等分别立案调查。美国《纵向合并指南》提出“关联产品”概念，与相关市场作为潜在竞争损害实际发生范围不同，关联产品则是引起潜在竞争损害的切入方式，例如可能是上游产品，二者共同服务于竞争损害的认定。

二是严厉打击扼杀式并购。欧盟《数字市场法》提出，在数字领域充当“守门人”的平台经营者收购、合并等行为，须事先通报欧盟。美国《数字市场竞争的调查》指出谷歌等互联网巨头通过扼杀式并购消除潜在竞争对手，比如Meta公司采取扼杀式并购方式收购瓦次普等。

三是聚焦数据对市场竞争的影响。欧盟高度关注数据驱动型并购行为对竞争产生的影响，在微软收购雅虎、谷歌收购领英等案件中，与数据相关的竞争问题成为反垄断关注的重点之一。

（五）兼顾促进竞争效应

并购不仅可能产生反竞争效应，也可能通过消除双重边际化来发挥促进竞争效应。位于纵向链条各环节的企业分别设定产品价格时，逐利动机下的产品供应价格通常会高于边际成本。关联企业合并可导致被合并企业产生的上游投入成本低于下游企业在没有合并的情况下从独立供应商处购买所支付的成本，通过消除双重边际化来提升市场效率，有利于促进竞争，更好地保障消费者权益。

三、进一步完善我国平台企业并购反垄断规制的对策建议

相比于传统行业，互联网平台不同于传统行业的竞争特征，导致现有执法手段面临较大挑战，难以实质性地规范平台企业的并购活动。一旦竞争损害形成，则事后救济的成本巨大且无法逆转。因此，亟待推动并购规制理念转变，建立健全适合互联网平台的事前申报标准和实质审查方式，有效遏制平台无序并购、实质损害竞争等行为。

（一）推动并购规制理念转变

要重新审视、协调反垄断法的多元价值目标体系，妥善处理不同价值目标之间的关系，重视创新在其中的重要意义。

一是不仅关注静态结构，也关注动态竞争。互联网行业存在激烈的“动态竞争”，同时互联网平台也存在寻求垄断地位的原动力，因此平台企业并购审查需要更加审慎，既要警惕干预不足，也要防止不当干预，确保符合经济社会发展需要。

二是不仅关注直接损害，也关注间接损害。并购审查不仅要注重平台企业的产品服务本身所在的市场，也需要考虑被并购企业的产业服务所在市场结构和竞争环境，系统全面地评价竞争损害。

三是不仅关注竞争损害，也关注促进竞争效应。比如，纵向并购本身就是着眼于技术创新、产品优化所带来的动态效率的提升。因此在审查纵向并购时，应该着重考虑因技术革新带来的动态效率的提升。有的并购在短时间内不太可能因使其边际成本降

低，从而降低最终产品的价格，所以无法通过静态效率标准来显示出并购带来的效率改善。

（二）完善平台并购申报标准

申报标准作为对市场上具有或者可能具有排除和限制竞争效果的经营者集中行为的形式筛查制度，要能反映企业的市场势力。

一是增加交易额标准。交易额作为并购方对被并购方的出价，可以更准确地反映被并购方的市场价值，对于初创期平台企业、中小平台企业具有较好的适应性。引入交易额标准与营业额标准构成互补的申报标准，有利于识别互联网平台可能实质损害竞争的并购行为。

二是实施分类申报制度。对于初创中小平台企业，赋予其一定期限的并购豁免，为中小平台做大做强提供宽松的监管环境。对于大型平台企业并购，要进一步降低申报标准，承担更多通报义务。反垄断机构对于可能具有排除限制竞争效果的大型平台的并购交易可采取主动调查的方式，进一步确保市场的公平性和开放性。

三是引入动态调整机制。我国申报标准长期固定，缺乏动态调整，难以与经济社会发展相匹配。可参照国际惯例，探索建立申报标准调整机制，实行申报标准阈值的定期调整。

（三）优化并购违法审查方式

一是围绕竞争损害来界定相关市场和关联产品。根据国际实践，相关市场是竞争损害发生的范围，而关联产品是竞争损害发生的切入方式。鉴于关联产品纵向或互补于相关市场，在具体案件中认定关联产品，可以全面准确地分析平台企业并购的竞争损害。

二是加强对扼杀式并购行为的监管。适当降低平台经济领域经营者集中申报门槛，严格审查大型平台的收购案，综合考量合并对市场竞争格局的影响，预防扼杀式并购行为发生。

三是把促进竞争效果纳入损害评估。纵向并购后合并交易方的上游部门和下游部门具有利益一致性，更有动力利用上游部门的关联产品去提高下游部门竞争对手的成本，也更有动力把上游部门关联产品的价格降低到边际成本价。平台并购并不必然引发竞争问题，促进竞争效果是竞争损害认定环节中必不可少的一环，在竞争损害的认定过程中要分析合并后实体到底是促进竞争还是损害竞争。

参考文献

陈兵. 互联网市场固化趋态的竞争法响应[J]. 江汉论坛, 2020(3).

李勇坚, 夏杰长. 数字经济背景下超级平台双轮垄断的潜在风险与防范策略[J]. 改革, 2020(8).

宁度. 美国《纵向合并指南》的介评与启示：以竞争损害的认定为中心[J]. 竞争政策研究, 2020(5).

于澜. 数据驱动型并购中隐私风险的反垄断规制[J]. 中国价格监管与反垄断, 2020(5).

第十二章 加快完善规范资本扩张的监管体系

内容提要： 近年来，一些机构利用资本监管的薄弱点，选择各种方式绕开制度约束、逃避监管，资本不受节制地任意扩张，引发一系列经济社会问题。建议在正确认识把握资本特性和行为规律的基础上，一体化推进金融监管、反垄断和反不正当竞争监管、数据信息保护监管等监管体系和能力建设，为资本明确规则底线，引导资本更好地服务于经济社会发展大局。

扩张是资本的天性，有序的资本扩张有助于挖掘市场机会、优化资源配置、提高经济效率，无序扩张则会破坏秩序规则、扰乱竞争秩序、削弱市场活力，甚至冲击发展安全。

一、部分领域资本无序扩张的行为特点

资本无序扩张，在形式上既包括资本自身的流动汇聚，也包括资本依托平台、数据等载体来实现市场势力扩张；具体行为上主要包括无序流动、无序竞争、无序定价等。

（一）通过跨界跨境无序流动

随着金融科技快速发展，以金融科技、金融创新为外衣的金融乱象增多，资本在金融、互联网等领域无序扩张。

一是通过投资控股实行混业经营。部分企业借助雄厚资本实力，通过投资控股方式涉足多类金融领域、实行混业经营，同时通过交叉持股、循环质押、股票增发等方式，控制远超真实投资的资本数额，形成“大而不能倒”等金融风险。

二是借助协议控制实现外资潜入。互联网公司普遍通过在海外设立壳公司，不通过股权控制而通过签订VIE（可变利益实体）等协议方式实现对实际运营公司的控制及财务合并，以规避对外资进入金融、媒体、科技、电信等领域的监管。

三是控制数据资源进而暗地推动资源无序出境，严重危害国家安全。国外资本对我国互联网等行业广泛渗透，使数据出境存在极大安全隐患。《2020年中国互联网网络安全报告》指出，2020年共发现我国未脱敏医学影像数据出境近40万次，占医学影像数据出境总次数的7.9%，其中包含大量患者个人信息。“滴滴出行”赴美上市遭遇审查并下架，进一步暴露重要敏感数据不受限制地流出的潜在风险。

（二）利用资本优势无序竞争

随着市场资源争先向大型平台企业集中，资本借助平台规模效应、交叉网络效应等作用来实行掠夺性扩张，推动市场过快集中、过早垄断。

一是实施“价格战”排挤竞争对手。为抢夺流量、抢占市场，一些平台企业凭借资本优势，在网约车、共享单车、长租公寓、社区团购等领域频频上演“烧钱大战”，扰乱市场价格体系，破坏产业生态，影响竞争格局。

二是通过猎杀式并购消除潜在对手。近年来，资本推动的平台企业并购现象大量涌现，比如滴滴并购优步中国、美团并购大众点评等。大量并购消除了竞争对手，独占行业创新成果，加剧“赢者通吃”，实现优势传导。

三是滥用优势地位筑高市场壁垒。利用市场优势地位，采用封杀竞争对手产品链接、平台“二选一”、捆绑搭售等手段来提升进入壁垒，排除限制竞争。

（三）滥用市场势力无序定价

为追求利益最大化，占据垄断地位、掌控市场定价权和服务标准的资方频频向上下游和消费者施压，通过不当价格行为逐利，导致收益分配失衡。

一是向入驻企业高额收费。比如外卖平台在经历“烧钱大战”后，美团和饿了么两大平台占据九成以上市场份额，格局已相当稳定，目前行业佣金费率在20%~25%，给外卖商户带来较大的经营压力。

二是采用灵活用工算法进行压榨。以快递、外卖业为代表的灵活就业形态大量涌现，在新业态快速发展过程中，也出现了工作不稳定、酬薪不透明、以罚代管、劳动强度过大等现象，灵活就业人员的劳动权益未能得到较好保障。

三是对消费者“杀熟”“杀富”。包括新老用户、活跃用户与非活跃用户差别对待的“大数据杀熟”，以及通过会员充值、重复收费等方式，过度掠夺消费者剩余。

二、资本无序扩张约束乏力的主要原因

目前，我国相关监管体制还存在思想认识不到位、制度规则不完善、能力手段不适应等突出问题，成为资本无序扩张未得到有效遏制的体制机制根源。

（一）监管理念有认识误区

对资本特性和行为规律的认识不足、把握不准，是资本无序扩张约束乏力的根本原因。

一是强监管与促发展如何协调，主观上易迷茫。地方期望通过新兴行业的蓬勃发展来推动业务创新和经济增长，担心监管会阻碍发展、阻碍创新。技术创新和新兴业态的发展前景变幻莫测，监管机构也在“摸着石头过河”，很难提出一步到位的完美监管方案。

二是资本扩张常以创新为名，客观上具有迷惑性。资本依托互联网平台扩张时，前期常以新模式、新业态、新技术等“新”形式呈现，但大多只是“新瓶装旧酒”，以创新为名行套利之实，不仅对传统行业和市场结构造成颠覆性破坏，而且加剧贫富差距等问题。在主客观因素影响下，对新业态的包容审慎监管往往异化为弱监管甚至不敢管不会管，不适应遏制资本无序扩张的监管需要。

（二）监管制度有短板漏洞

无序扩张主要是资本利用监管体系漏洞逐利变现的结果。

一是混业经营与分业监管矛盾突出。多数金融机构的业务经营呈现多元化与综合化特征，跨行业、跨市场投融资业务链条增加，而分业监管下监管部门难以及时准确地监测资金的真实流向，无法从源头遏制资本无序扩张。

二是反垄断监管面临难题。借助于互联网平台的新商业模式和新兴数字技术的创新应用，互联网平台展现出免费模式、锁定效应、跨界竞争等与传统平台截然不同的技术特征，不断挑战反垄断规制的既有路径，使反垄断规制遭遇前所未有的应对困境。

三是数据监管体制有待健全。数据是平台经济发展的关键要素，目前数据采集、权属、保护、使用等制度规则不完善，导致过度采集、拒绝分享、算法歧视、数据滥用等问题频发，难以得到有效约束。

（三）监管能力手段不适应

当前资本扩张与金融科技、数据算法等紧密结合，大幅提升了资本扩张的速度、隐蔽性和影响面，对监管能力水平形成严峻挑战。

一是金融科技监管水平不足。金融科技及信息技术给金融行业带来了深刻变化，金融监管部门的科技水平远远滞后于金融机构对金融科技的运用水平，形成新的风险挑战。

二是算法治理面临“黑箱”。算法语言和技术门槛高，运行逻辑复杂且难于解释，具有“黑箱”属性，存在信息不对称。现有法律及配套规则对大数据“杀熟”、滥用算法排除竞争、诱导沉迷等算法不合理应用作出了原则性限制，操作性有待增强。

三、加快完善监管体系规范资本扩张的对策建议

治理资本无序扩张，要在准确把握资本扩张行为规律的基础上完善监管体系建设。建议一体化推进金融监管、反垄断和反不正当竞争监管、数据信息保护监管等监管体系和能力建设，为资本设置“红绿灯”，防止资本不受限制和不守规矩地扩张。

（一）严把资本市场入口关，加快完善现代金融监管体系

严把资本市场入口关，将大型互联网平台纳入金融宏观审慎监管范围，加强对大型互联网平台涉足金融行业的事前监管力度。明确准入标准、严格准入审核，防范好规避监管和监管套利行为。从加强行为监管、功能监管、穿透式监管的原则出发，更加注重从源头、从行为方面依法依规加大宏观审慎监管力度。强化正向激励，督促、引导大型互联网平台积极履行社会责任，充分发挥大型互联网平台在普惠金融等领域的正向作用。对影响或者可能影响国家安全的外商投资进行安全审查，做好境外上市备案管理与安全审查等机制衔接，有效规范资本跨境流动。

（二）健全平台企业并购规制，强化反垄断反不正当竞争监管

用好反垄断反不正当竞争监管这件利器，查处违法并购损害竞争行为。研究制定平台价格行为规则，着力规范平台收费行

为，坚决打击利用优势和垄断地位而乱收费、高收费、变相收费、附加不合理交易条件等行为。以构建平台型企业和谐劳动关系为突破口，厘清利益相关方在数字劳动权益保护中的义务与责任，加强劳动者权益保护，促进数字经济就业公平和数字劳动者体面就业。

（三）建立数据全生命周期规则体系，推进数据信息监管

警惕资本对数据资源的垄断性占有和过度开发，切实保护数据权利和隐私安全，明确各方责任义务和数据使用边界。引导平台企业积极开发对外数据接口，以合适成本推动数据开放利用。探索算法审查和算法问责的监管模式，消除算法偏见，促进算法“透明可释”。规范平台数据使用和利益分配方式，建立公平合理的数字税征收制度。实施数据出境安全管理制度，加强数据跨境流动审查，防止数据无序出境，确保数据安全。

参考文献

王国刚，潘登. 完善制度抑制资本无序扩张[J]. 中国金融，2021(3).
肖潇. 正确认识“防止资本无序扩张”[J]. 马克思主义理论学科研究，2022, 8(4).
曾宪奎. 防止无序扩张：促进“互联网+”相关新型业态健康发展[J]. 湖北社会科学，2021(2).
周文，刘少阳. 平台经济反垄断的政治经济学[J]. 管理学刊，2021(2).